Jacky Gehring

Schluss mit
Cellulite - Übergewicht - Haarverlust

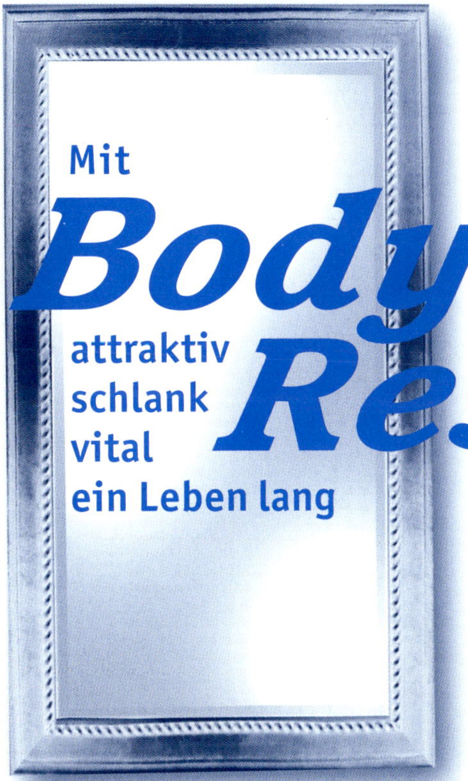

Mit

Body Reset

attraktiv
schlank
vital
ein Leben lang

einfach - schnell wirksam - dauerhaft

sivita

Das vorliegende Buch ist sorgfältig erarbeitet worden. Es basiert auf den Erkenntnissen und Erfahrungen in der Praxis der Autorin.

Dennoch erfolgen alle Angaben ohne Gewähr. **BodyReset** ersetzt weder Arzt noch Therapeut, weder Medikamente noch Therapiemassnahmen. Im Zweifelsfall – insbesondere bei Vorerkrankungen, Krampfadern und Organstörungen konsultieren Sie bitte Ihren Arzt.

Weder die Autorin noch der Verlag können für eventuelle Nachteile oder Schäden, die aus den im Buch gegebenen praktischen Empfehlungen resultieren, eine Haftung übernehmen.

Impressum
Verlag Sivita GmbH 1. Auflage 2003/2. Auflage 2004

Produktion
Umschlag und Layout: egger kommunikationsdesign, Konstanz
Photo: Primelight Albert Zimmermann, Zürich
Druck: Stalling GmbH, Oldenburg
Printed in Germany

ISBN 3-907875-00-1

VORWORT

Als Körpertherapeutin und Ernährungspraktikerin beschäftige ich mich seit 1983 mit dem Problem Cellulite. Im Laufe der Jahre habe ich verschiedene Diäten, Behandlungsmethoden und Produkte ausprobiert.

Seit einigen Jahren arbeite ich sehr erfolgreich nach meiner eigenen Methode, die ich Ihnen in diesem Buch vorstellen möchte.

Reset – wer kennt nicht den kleinen Knopf an elektronischen Geräten, mit dem man alle Funktionen wieder zurückstellen kann auf die ursprüngliche Werkseinstellung, um quasi wieder von vorne anzufangen.

Wie schön wäre es, wenn auch unser Körper eine Reset-Taste hätte, mit der wir per Knopfdruck wieder in unseren ursprünglichen Zustand zurückfinden könnten. Wir wären dann wieder schlank, schön und gesund – und würden vielleicht genauso weiterleben wie bisher.

Die Reset – Taste für den Körper gibt es zwar nicht – dafür aber jetzt die **BodyReset Methode**. Damit können Sie viele Entwicklungen und "Sünden" der Vergangenheit rückgängig machen. Zwar nicht auf Knopfdruck – aber doch viel einfacher als mit irgendwelchen Zaubermitteln und Wunderdiäten.

Dieses Buch widme ich all jenen Menschen, die es satt haben, tagaus – tagein über das Essen nachzudenken, weil ihnen alles Gesunde nicht schmeckt und alles, was schmeckt, angeblich ungesund ist, krank und dick macht.

Vergessen Sie für die nächsten 6 Wochen Ihre Cellulite und die überflüssigen Pfunde, Besenreiser und ausfallende Haare, Bluthochdruck und erhöhten Cholesterinspiegel. Vergessen Sie Kalorienzählen und Lightprodukte, Ballaststoffe und Vollkornspaghetti. Vergessen Sie schlicht und einfach alles, wovon Sie bisher glaubten, es würde Sie schlanker, gesünder und vitaler machen.

Fangen Sie einfach an und lernen Sie, auf Ihren Körper, Ihren Bauch und Ihren gesunden Menschenverstand zu hören. Und freuen Sie Sich ruhig am Unverständnis Ihrer Umgebung, wenn scheinbare Dickmacher Ihre Pfunde purzeln lassen und wenn die Schlagsahne auf dem Obstsalat die Cellulite verschwinden lässt.

Schalten Sie bei Werbebeginn im TV den Sender um und kaufen Sie keine Zeitschrift mit der neuesten "Wunderdiät". Nur für die nächsten 6 Wochen. Mit **BodyReset** werden Sie so schnell so viele positive Veränderungen erleben, dass Ihnen in Zukunft die Gesundheitsversprechen in der Werbung als das vorkommen, was sie mehrheitlich sind: Ein Milliardengeschäft.

Nun wünsche ich Ihnen viel Spass beim Lesen – und beim Leben ohne Cellulite !

Ihre

Jacky Gehring

Und hier noch ein Tipp: lassen Sie sich nicht verunsichern oder entmutigen, von wem auch immer. Spätestens in 14 Tagen werden auch die grössten Skeptiker erkennen, dass **BodyReset** wirklich funktioniert.

Bitte beachten Sie: Auch wenn Sie sich schon nach wenigen Tagen besser und "leichter" fühlen – **BodyReset** ersetzt weder Arzt noch Therapeut, weder Medikamente noch Therapiemassnahmen. Bei Krankheiten und Organstörungen ziehen Sie bitte Ihren Hausarzt hinzu.

Mit **BodyReset** erreichen Sie fast gleichzeitig eine Gewichtsabnahme und einen Abbau von Cellulite und Reiterhosen.
Nach ca. 7 Wochen werden Besenreiser blasser und die Kopfhaare beginnen wieder zu wachsen.
Nach ca. 7 Monaten bilden sich Krampfadern zurück, das Haupthaar wächst wieder normal.

Im richtigen Verhältnis von Säuren sowie Basen und den richtigen Anteilen von Eiweiss, Fett und Kohlenhydraten funktionieren alle Organe optimal. Wir fühlen uns fit und gesund. Was aber ist das richtige Verhältnis?

Was braucht der Körper wirklich, um schlank und frei von Cellulite zu bleiben? Seit Jahren hält sich hartnäckig die Behauptung, die vollwertige, fettarme Mischkost mit vielen Ballaststoffen, Früchten und Gemüse sei das Beste.

■ Die wirkliche Ursache von Cellulite ist das Ungleichgewicht des Säure-Basen-Haushalts, und dieses wird durch die tägliche Nahrungs- und Getränkeaufnahme bestimmt. ■

Würde das stimmen, warum gibt es so viele kranke und übergewichtige Menschen? Die Mehrzahl aller Frauen in der westlichen Welt haben Cellulite. Sie tun fast alles, um sie wegzubekommen, aber nichts bringt wirklich befriedigende und anhaltende Ergebnisse.

Dafür gibt es auch eine einfache Erklärung. Wie überall gilt auch für die Entstehung von Cellulite das Naturgesetz von Ursache und Wirkung.

Fälschlicherweise sucht man die Ursachen von Cellulite immer in einer Bindegewebsschwäche, Vererbung, Bewegungsarmut, zuviel Fett und Eiweiss, bei den Hormonen etc. Diese Umstände können sicher die Bildung von Cellulite unterstützen, sie sind jedoch nicht die eigentliche Ursache.

Die wirkliche Ursache von Cellulite...

...ist das Ungleichgewicht des Säure-Basen-Haushalts, und dieses wiederum wird durch unsere tägliche Nahrungs- und Getränkeaufnahme bestimmt.

Der natürliche Kreislauf

Um zu verstehen, warum **BodyReset** funktioniert, brauchen Sie ein wenig Wissen über die biochemischen Funktionen ihres Körpers.

Der menschliche Körper ist, genauso wie der Organismus von Tieren und Pflanzen, sehr komplex und sensitiv. Seine Funktionen unterliegen wie alles, was lebt, den Naturgesetzen. Die ganze Natur strebt ein einziges Ziel an: **Das Überleben**. Dies bedingt aber auch den ewigen Kreislauf von Leben und Sterben, von fressen und gefressen werden.

Gehen wir nur 200 Jahre in der Menschheitsgeschichte zurück, vor den Anfang der Industrialisierung. Damals waren die Menschen noch in die natürliche Kette Natur – Bauer – Markt eingebunden. Der Mensch ass, abhängig von der Jahreszeit, die jeweils verfügbaren Früchte und Gemüse, Nüsse, Wurzeln und Knollengewächse, Kräuter und Gewürze. Die Gewässer lieferten Fisch und Meeresfrüchte, Nutztiere lieferten Fleisch und Milch. Die klimatischen Bedingungen bestimmten, was die Natur lieferte.

■ Egal, wo Menschen lebten, sie hatten durch den natürlichen Kreislauf ihrer Tier- und Pflanzenwelt alle geeigneten Nahrungsmittel zur Verfügung, die ihr Organismus brauchte. ■

Nur 200 Jahre später....

...sieht die Situation anders aus. Durch Industrialisierung und immer schnellere und billigere Transportmöglichkeiten stehen uns alle Nahrungsmittel gleichzeitig zur Verfügung. Durch die rasante Entwicklung der chemischen Industrie kann heute das Wachstum von Pflanzen und Tieren künstlich beschleunigt werden, Schädlinge werden mit Pestiziden bekämpft, Massentierhaltung bleibt mit Antibiotika "gesund...". Dabei wird offensichtlich vergessen, dass der Mensch sich in 2 Millionen Jahren mit seiner Nahrung entwickelt hat. Unser ganzer Organismus hat sich an die natürlich vorhandene Nahrung angepasst und die Stoffwechselvorgänge darauf abgestimmt.

Bedürfnisse des Stoffwechsels beachten

Wir essen und trinken, um unseren physischen Körper, der letztlich aus Milliarden von Zellen besteht, zu erhalten. Jede dieser Zellen unterliegt wiederum einem Wachstums-, Erhaltungs-und Sterbeprozess wie wir selbst auch.

Um unsere Zellen optimal zu ernähren, muss die zugeführte Nahrung verstoffwechselt werden. Durch biochemische Prozesse verschiedener Organe mit unterschiedlichen Funktionen wird Nahrung zerkleinert, verdaut und an ihren Bestimmungsort transportiert. Essen wir zu schnell, zu viel und zu einseitig, belasten und stören wir diese Prozesse.

■ Grossen Veränderungen in so kurzer Zeit kann sich der menschliche Körper evolutionär nicht anpassen, er wird krank. ■

Unser Körper weiss, was er braucht und was nicht. Was er brauchen kann, wird über unser Blutkreislaufsystem verteilt. Was er nicht brauchen kann, wird über unser Lymphsystem und unsere Ausscheidungsorgane entsorgt.

Gesund sein kann unser Körper nur unter Einhaltung und Erhaltung gleichbleibender Bedingungen. Das sind die selbstregulierenden biologischen Prozesse, die alles Leben aufrechterhalten.

Der Säure-Basen-Haushalt

Unser Körper besitzt vier wichtige Grundregulationssysteme: Wasserhaushalt, Sauerstoffhaushalt, Elektrolythaushalt und Säure-Basen-Haushalt.

Diese 4 Grundregulations-Systeme sind abhängig voneinander, durch verschiedene Wechselwirkungen sorgen sie für die Aufrechterhaltung des Fliessgleichgewichts der Körperflüssigkeiten und den reibungslosen Ablauf aller Stoffwechselvorgänge.

Die wichtigste Bedingung ist ein ausgeglichener Säure-Basen-Haushalt. Er reguliert Atmung, Kreislauf, Verdauung, Ausscheidung, Hormonproduktion, Abwehr, Immunität und vieles mehr.

Wie wichtig ein ausgeglichener Säure-Basen-Haushalt ist, zeigt sich am Beispiel unseres Blutes. Damit der pH-Wert konstant bei ca. 7.35 liegt, ist unser Körper bereit, seine eigenen Mineralstoffdepots zu opfern.

Säuren und Basen kommen überall in der Umwelt und im Körper vor. Der pH-Wert ist der Messwert für den Grad der sauren bzw. basischen Reaktion eines Stoffes. Gemessen wird die Konzentration von Wasserstoffionen.

Eine hohe Konzentration bedeutet eine saure Lösung, eine niedrige Konzentration bedeutet eine basische Lösung. Messen kann man die Konzentration mit sogenannten Indikatorstreifen, die Sie in jeder Drogerie und Apotheke kaufen können.

Neutral ist ein pH Wert von 7, niedrigere Werte sind im sauren, höhere Werte im basischen Bereich.

■ Die Bedeutung von Säuren und Basen auf unser Wohlbefinden ist altbekannt. Nicht umsonst sagt der Volksmund: "Bist du heute aber sauer". Von sich selber meint man oft: "Bin ich heute wieder ausgelaugt". ■

pH-Werte die Sie kennen sollten

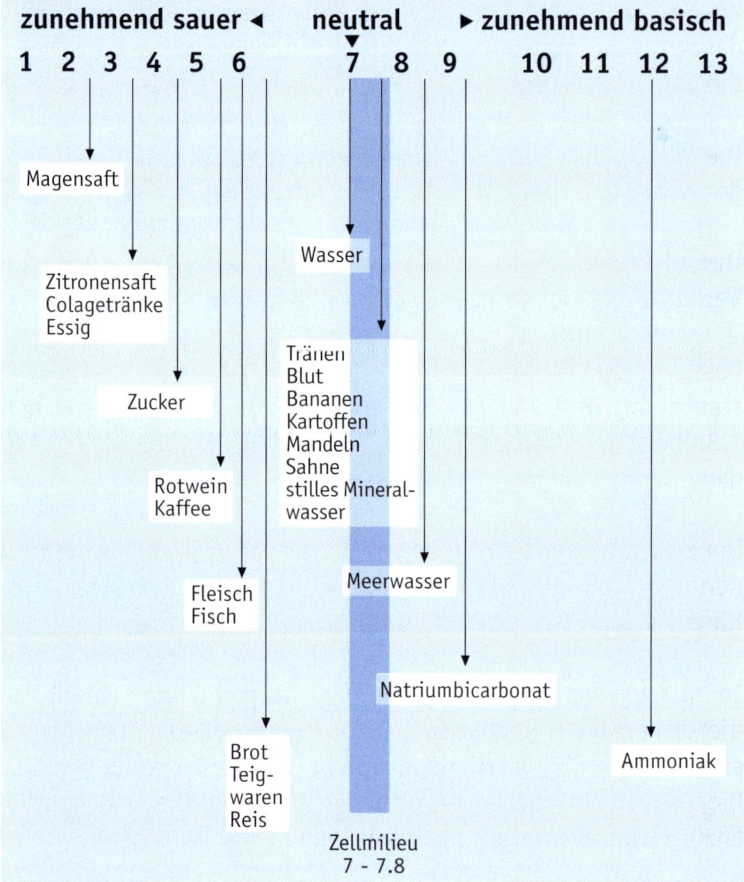

Säuren und Basen im Körper unterliegen einem natürlichen Rhythmus wie Ebbe und Flut. Dieser Rhythmus ist biologisch gesteuert und wird von unseren Ess- und Trinkgewohnheiten, von körperlichen Aktivitäten und unserem Wohlbefinden beeinflusst. Ihren eigenen, aktuellen Übersäuerungsgrad können Sie anhand einer Urinmessung feststellen. Anleitung und Tabelle finden Sie auf Seite 56.

pH-Werte von Körperflüssigkeiten

Die meisten Lebensvorgänge in unserem Organismus funktionieren am besten in neutralem oder leicht basischem Milieu. Ausnahmen davon bilden nur unsere Ausscheidungen (Schweiss, Urin) und die Salzsäure im Magen.

Die Magensäure leitet die Eiweissverdauung ein und tötet mit der Nahrung aufgenommene schädliche Bakterien ab.

Der pH-Wert des Urins bewegt sich je nach Tageszeit und Verdauung zwischen sehr sauer, neutral und basisch.

Das Blut, die wichtigste Körperflüssigkeit, hat einen relativ konstanten pH Wert von 7,35 der auch im Extremfall nur zwischen 7,3 und 7,4 schwanken darf. Bereits geringfügige Abweichungen davon wirken sich tödlich aus.

Um diesen pH-Wert des Blutes zur Erhaltung aller Lebensfunktionen und Stoffwechselvorgänge zu gewährleisten, verfügt unser Körper über verschiedene Puffersysteme.

In unserem Körper entstehen dauernd saure Stoffwechselabfälle, die er kontinuierlich neutralisieren und puffern muss. Damit erhält er die gleichbleibenden Bedingungen, unter denen alle biochemischen Vorgänge optimal ablaufen und alle Hormone, Enzyme und Bakterien ihre Funktionen erfüllen können.

Eine Schlüsselrolle spielt dabei unser Bindegewebe.

pH-Werte unseres Körpers

Blut	7,35
Zelle	6,9
Gallensaft	8,0
Bauchspeichel	8,0
Muskelgewebe	6,9
Urin	4,5-8,0
Speichel	6,5-7,5
Samenflüssigkeit	7,5-8,0
Magensäure	1,2-3,0
Fruchtwasser	7,9

Viele Lebensmittel wie Fleisch, Teigwaren, Süssigkeiten und Getränke wie Kaffee, Wein und Limonaden bilden eine Flut von verschiedenen Säuren. Werden durch die Nahrung mehr Säuren zugeführt als der Körper über Blut, Nieren, Atmung, Darm und Haut ausscheiden kann, muss er sie neutralisieren.

■ **Bitte denken Sie daran:** Wir führen unserem Körper Säuren nicht nur über die Nahrung zu, er produziert sie auch selbst. Mineralstoffe und basische Lebensmittel hingegen mussen dem Organismus immer von aussen zugeführt werden. ■

Dazu braucht er Mineralstoffe und Spurenelemente. Diese sind reichlich vorhanden in basischen Nahrungsmitteln wie z.B. Kartoffeln, Bananen und Gemüse. Bekommt der Körper diese Basen nicht mit der täglichen Nahrung zugeführt, muss er zum Neutralisieren der Säuren basische Mineralstoffe aus den körpereigenen Depots in Knochen, Gewebe und Organen abbauen – vor allem Kalzium, aber auch Magnesium, Kalium, Eisen etc.

Unser Körper braucht für sein einwandfreies funktionieren Basen und Säuren im Verhältnis 70 % zu 30%.

Die Realität sieht leider umgekehrt aus. Wir konsumieren vorwiegend säureproduzierende Nahrungsmittel wie Fleisch, Brot, Milchprodukte, Teigwaren, Süssigkeiten und Reis. Auch Getränke wie Kaffee, Wein und Limonaden werden sauer verstoffwechselt.

Leider finden wir auch in keiner Werbung über all die ballaststoffreichen und fettarmen Energiespender den Hinweis, wie viel Zucker und Zusatzstoffe enthalten sind und...wie sauer das Produkt im Stoffwechsel reagiert.

Die neutralisierten Säuren bezeichnet man auch als Schlacken. Schlacken sind aus Säuren und Basen entstandene Salze. Sie werden normalerweise über die Nieren ausgeschieden. Bei einem Säureüberschuss jedoch nimmt das Bindegewebe diese Neutralsalze erst einmal auf, um die Niere, die relativ langsam arbeitet, nicht zu überlasten.

Nur eine Basenflut und genügend Flüssigkeit können diese Neutralsalze dort wieder abholen. Bleibt die Ernährung weiterhin säureüberschüssig, verbleiben die Schlacken im Bindegewebe. Das Zwischenlager wird zum Endlager – Cellulite entsteht.

Im weiteren Verlauf der Cellulite-Entwicklung sind feine Verdichtungen unter der Haut tastbar. Es handelt sich vor allem um Harnsäureablagerungen, die zuerst an den Aussenschenkeln als Orangenhaut sichtbar werden. Weil jede eiweisshaltige Flüssigkeit bei Säuerung eindickt, ist der freie Flüssigkeitslauf durch das Gewebe nicht mehr gewährleistet. Überall, wo sich der Strom der Körperflüssigkeiten verlangsamt, hinterlässt er einen Teil seiner mitgeführten Schlacken. Die Cellulite breitet sich aus, sogenannte Reiterhosen entstehen. Innenschenkel, Bauch, Po und Oberarme entwickeln sich zur dauerhaften Mülldeponie.

Verständlich, dass alle Bemühungen von aussen nicht fruchten, wenn nicht gleichzeitig eine Umkehr im Körper passiert.

■ Mit meinen Massnahmenkombinationen bringen Sie die Schlakken in einen ausscheidungsfähigen Zustand, damit sie via Lymphe, Nieren und Blase Ihren Körper für immer verlassen können! ■

Der Teufelskreis der Bindegewebsverschlackung

Das grösste und wichtigste Puffersystem ist unser Bindegewebe. Es umgibt alle Zellen und Organe.

Es erfüllt viele verschiedene Funktionen. Neben der Speicherfunktion und Regulation unseres Wasserhaushaltes steht es auch als Zwischendeponie für überschüssige Säuren- Gift- und Stoffwechselschlacken zur Verfügung. Aufgrund seiner Struktur ist vor allem das weibliche Bindegewebe in der Lage, Stoffwechselschlacken aller Art aufzunehmen und bis zu einem gewissen Grad wie eine Abfalldeponie zu speichern. Nach einer körperlichen Anstrengung oder einer üppigen Mahlzeit fallen grosse Säuremengen an, welche die Nieren nicht sofort ausscheiden können.

Das Bindegewebe nimmt die Säuren ins "Depot" und gibt sie in der stoffwechselruhigen Zeit wieder an die Nieren ab.

Depot Bindegewebe Während der stoffwechselruhigen Zeit können die Nieren die zwischengelagerten Säuren aus dem Bindegewebe zur Ausscheidung bringen. Deshalb wird das Bindegewebe auch als "Vor-Niere" bezeichnet.

Die Menge dieser Abfallprodukte bestimmen wir selbst – hauptsächlich durch unsere täglichen Ess- und Trinkgewohnheiten. Und mit ihnen folglich auch den Gesundheitszustand unseres Körpers.

Denn unser Bindegewebe ist nicht als dauerhafte Mülldeponie der überwiegend sauren oder säurebildenden Abfälle vorgesehen! Es muss auch so wichtige Aufgaben wie die Nährstoffversorgung unserer Zellen übernehmen. Und eine optimale Versorgung funktioniert nur mit dem freien Lauf der Körperflüssigkeiten im Organismus.

Die Ablagerungen im Bindegewebe führen letztlich zu einer Versulzung des Gewebes – die Körperzellen können nur noch unzureichend oder gar nicht mehr mit Nährstoffen und Sauerstoff versorgt werden. Dadurch reagieren sie mit vermehrter Bildung saurer Stoffwechselschlacken, der Teufelskreis schliesst sich.

Das Lymphsystem – unsere Müllabfuhr

Zu wenig Bewegung beeinträchtigt den Lymphfluss. **Die Folge:** es sammeln sich vermehrt Schlakkenstoffe im Gewebe an.

Das wichtigste Transportsystem für unsere Stoffwechselabfälle ist die Lymphe. Die Lymphgefässe haben die Aufgabe, verbrauchte Flüssigkeit, Zelltrümmer, Eiweissreste, Staub- und Russpartikel aufzunehmen und über die Lymphstämme abzutransportieren. Auch der Darm besitzt Lymphgefässe, sie sind zuständig für den Abtransport von langkettigen Fettsäuren aus dem Dünndarm. Unsere Lymphe ist somit die Müllabfuhr.

Nun arbeitet unser Lymphsystem aber leider nicht wie der Blutkreislauf, es besitzt keine "Pumpe". Nur wenn wir uns bewegen, drückt der Muskel durch Kontraktion auf seine Umgebung. Dank dieser sog. Muskelpumpe und entsprechenden Klappen in den

Lymphbahnen wird der Gefässinhalt richtungsorientiert weitertransportiert. Durch Bewegung (Treppensteigen, zügiger Spaziergang etc.) und Sport aktivieren Sie Ihr Lymphsystem.

Neben körperlicher Betätigung gibt es auch noch einen anderen Weg, die Lymphe zu vermehrter Tätigkeit anzuregen: Mit einer manuellen oder mechanischen Lymphdrainage[1] helfen Sie ihrem Körper, sodass er ein Mehrfaches an gelösten Schlacken abtransportieren kann. **Sehr wichtig: viel trinken.**

Das Wasser – unser einziges Transportmedium

Etwa 70% des menschlichen Körpers besteht aus Wasser. Wasser ist Bestandteil des Blutes, der Lymphflüssigkeit, der Verdauungssäfte und der Körperzellen. Es ist Lösungs- und Transportmittel für Nährstoffe. Mit Wasser werden aber auch giftige Stoffwechselschlacken abtransportiert. Trinken wir chronisch zuwenig, kann der Körper nicht ordentlich entsorgen – es sammeln sich vermehrt Gifte in den Zellen und im umliegenden Bindegewebe an.

Auf diese Weise blockieren wir das Bindegewebe und damit die gesamte Zellversorgung und Zellentsorgung. Neben dem Elektrolyt- und Säure-Basen-Haushalt stellt der Wasserhaushalt die Grundlage für den reibungslosen Ablauf sämtlicher Stoffwechselprozesse dar.

Der Mensch verliert bereits ohne grosse sportliche Anstrengung zwischen 1 und 1,5 Liter Flüssigkeit pro Tag über Haut, Atemluft, Urin und Stuhlgang. Deshalb sollten Sie jeden Tag mindestens 2-3 Liter trinken – am besten stilles Mineralwasser und Kräutertees.

Leider trinken wir oft zuwenig und zudem auch noch das Falsche. Kaffee, Schwarztee, Alkohol und Limonaden sind säurebildende

Was wir trinken und wieviel wir trinken spielt eine grosse Rolle bei der Entstehung, aber auch beim Abbau von Cellulite. Nur ein gut durchspülter Organismus kann gut entschlacken.

[1] siehe professionelle Hilfe im Institut S.77f

und dehydrierende Getränke, d.h. sie führen nicht nur das Wasser ab, in dem sie gelöst sind, sondern zusätzlich auch noch Wasser aus den Reserven des Körpers. So entziehen sie dem Körper Wasser und belasten dadurch den Stoffwechsel. Nicht umsonst ist es in Italien Sitte, zu Espresso und Cappuccino ein Glas Wasser zu servieren.

Merken Sie sich: Je mehr Sie trinken, desto mehr scheiden Sie aus und umso schneller werden Sie Ihre Cellulite los !

Elektrolyte
Mineralstoffe und Spurenelemente spielen bei der Entstehung, aber auch beim Abbau von Cellulite eine wichtige Rolle. Übersäuerung geht immer mit Entmineralisierung des Körpers einher. Je stärker ein Organismus übersäuert ist, desto grosser ist sein Bedarf an Mineralstoffen zur Neutralisierung vorhandener Säuren und zum Wiederauffüllen geleerter Mineralstoffdepots.

Die Mineralstoffe – Grundbausteine biochemischer Vorgänge

Spurenelemente und Mineralstoffe (Elektrolyte) halten uns gesund, schön und leistungsfähig. Sie sind an allen Stoffwechselvorgängen beteiligt. Sie verleihen unserem Körper Festigkeit, sind u.a. wichtig für die Energiegewinnung, die Nervenfunktionen, den Bau von Enzymen und für das Immunsystem. Sie sind Bestandteil der Körperflüssigkeiten und spielen eine wichtige Funktion bei der Neutralisierung von Säuren.

Mineralstoffe und Spurenelemente
- stabilisieren die Zellmembranen
- hemmen oder aktivieren Enzyme
- bauen Säure-Basen-Puffer auf
- neutralisieren Säuren und Giftstoffe
- sind Bestandteile aller festen Körpergewebe

Bei ungenügender Zufuhr kommt es
- zu Stoffwechseldefekten aufgrund einer schlechten Enzymbildung
- zum Abbau körpereigener Mineralstoffdepots (Haut, Haare, Nägel, Knochen, Knorpel, etc.)
- zur Übersäuerung des Organismus

Vor allem Kalzium, Kalium, Magnesium und Eisen werden zur Neutralisation von Säuren verbraucht.

Je grösser der Säureüberschuss in der täglichen Nahrung, desto höher ist der Mineralstoffbedarf des Organismus.

Wenn Sie Ihrem Körper zuwenig Mineralstoffe zuführen, besteht zum einen die Gefahr, dass er körpereigene Mineralstoffdepots plündert, und zum anderen bauen Sie keine Cellulite ab.

Die Haut – unser grösstes Ausscheidungsorgan

Mit ca. 1.8 qm Oberfläche ist die Haut unser grösstes Ausscheidungsorgan.

Früher wurde überschüssige Säure durch körperliche Arbeit ausgeschwitzt. Heute ist die Säureausscheidung durch zunehmenden Bewegungsmangel deutlich gemindert. Lediglich in der Sauna machen wir uns diesen Reinigungseffekt zunutze.

Um Nieren, Lunge und Darm während einer Entschlackungskur zu entlasten, sollten Sie die Haut zur Ausleitung von Giften und Säuren nutzen.

Die meisten kosmetischen Pflegeprodukte haben einen sauren pH-Wert (pH 5.5 - 5.8). Damit verschliessen wir der Haut die Ausscheidung von Säuren. Mit basischen Pflegeprodukten geben wir der Haut den Neutralwert von Wasser. So pflegen wir die Haut, ohne Sie zu verschliessen und zu belasten.

■ Alles was über die Haut ausgeschieden werden kann, entlastet die übrigen Stoffwechsel- und Ausscheidungsorgane. ■

Zur Entlastung sollten Sie so oft wie möglich ein Fussbad machen und sich auch ab und zu ein Vollbad gönnen. Und keine Angst: auch bei langen Bädern trocknet die Haut nicht aus – durch den hohen pH-Wert des Wassers wird die Rückfettung der Haut angeregt. Die Hornhaut wird spürbar weicher.

■ Wir bezahlen alle einen Preis, wenn wir uns nicht an die Regeln halten, die die Natur geschrieben hat. Aber sie verzeiht auch erstaunlich schnell. ■

Basische Hautpflege hat auch noch andere positive Nebeneffekte. Meine Kundinnen berichten oftmals von lästigen Fuss- und Nagelpilzen. Pilze gedeihen besonders gut bei sauren pH-Werten zwischen 6 und 3.5. Durch basische Lösungen entziehen Sie vorbeugend dem Pilz seine saure Lebensgrundlage. Auch Zahnstein ist nichts anderes als neutralisierte Säure in Verbindung mit Kalzium. Mit einer basischen Lösung und etwas Geduld sprengen Sie nach und nach diese Verbindungen.

Die Übersäuerung hat viele Gesichter

Cellulite ist nur eines der unübersehbaren Signale permanenter Übersäuerung. In meinem Institut begegne ich auch noch anderen sichtbaren Zeichen eines gestörten Säurestoffwechsels.

Krampfadern, Besenreiser und Co.

Anfangs glaubte ich, das manche Männer und Frauen besser mit ihrem Säureüberschuss fertig werden als andere. Sie rauchen, trinken zuviel Alkohol und zu wenig Wasser, essen unregelmässig und einseitig. Und trotzdem haben die Frauen keine Reiterhosen und die Männer volles, dichtes Haar.

Heute weiss ich, wieso: Sie haben dafür Besenreiser und Krampfadern.

Auch die Wände unserer Blutgefässe sind Kalziumspeicher. Alle Säuren müssen das Puffersystem des Blutes durchlaufen. Droht eine Blutübersäuerung, bindet der Körper die Säuren sofort mit Kalzium aus den Gefässwänden, denn schon geringe Abweichungen des Blut pH-Wertes würden den sofortigen Tod bedeuten.

Da unsere Gefässwände dicht sein müssen, lagert der Körper als Ersatz für das benötigte Kalzium Cholesterin ein. Adernverkalkung ist also zuerst eine Entkalkung zwecks Säureneutralisation. Das Cholesterin führt auf Dauer zu Verhärtung und Brüchigkeit der Gefässe. Krampfadern und Besenreiser entstehen.

Stauungen und Ödeme

Der Körper hat noch eine weitere wunderbare Einrichtung, um zu viele Säuren abzuschwächen: Er bildet Ödeme. Bei einer gefährlichen Säurekonzentration hält der Körper Wasser zwecks Verdünnung der Säuren in den Körperflüssigkeiten zurück, die Nieren sperren zu. Es bilden sich Stauungen an Fesseln und Handgelenken. Das sieht nicht attraktiv aus, erfüllt aber seinen Zweck. Eine sinnvolle, lebenswichtige Reaktion und ein Beweis dafür, dass die betreffende Person hochgradig übersäuert ist.

In meiner täglichen Arbeit beobachte ich, dass immer mehr Frauen mit Haarverlust zu kämpfen haben und nicht nur mit einem Kalziumabbau aus den Knochen (Osteoporose).

Haarverlust

Immer mehr Menschen leiden unter Haarproblemen. Die Kopfhaare dünnen aus, sie verlieren ihren Glanz, werden spröde und brüchig oder fallen ganz aus. Übermässiger Haarverlust ist für viele Menschen ein grosses Problem.

War Haarverlust früher eher ein Männerproblem, so sind heute mehr und mehr Frauen – bereits schon in jungen Jahren – betroffen. Falsche Ernährung, Doppelbelastung in Beruf und Familie, substanzverzehrende körperliche Belastung in Schwangerschaft und Stillzeit führt dazu, dass sie ständig im roten =

sauren Bereich leben. Nach den Wechseljahren potenzieren sich ihre Probleme noch.

Die meisten Frauen und Männer glauben bis heute, dass Glatzenbildung und Haarausfall ausschliesslich hormonell oder genetisch bedingt sind und finden sich mit ihrem Schicksal ab. Tatsache jedoch ist, dass auch der Hormonhaushalt im Zusammenhang mit dem Säure-Basen-Haushalt funktioniert.

Beruflicher und privater Stress, Angst, Ärger – all das bewirkt eine höhere Adrenalinproduktion und gleichzeitig eine saure Stoffwechsellage. Isst und trinkt "Mann" oder "Frau" auch noch vorwiegend säureproduzierende Produkte, liegt sehr schnell ein Basenmangel vor.

■ Mit den richtigen Massnahmen können die inaktiven Haarwurzeln wieder aktiviert werden. Mit **BodyReset** schaffen Sie die Grundlage, um sich langfristig wieder an dichtem, kräftigem Haarwuchs zu erfreuen. ■

Nun unterscheidet sich der Stoffwechsel des Mannes dadurch, dass er keine Depotmöglichkeiten für überschüssige Säuren hat. Während "Frau" vor den Wechseljahren einen Grossteil Ihres Säurevorkommens in Placenta und Bindegewebe "parkiert" und mit der Menstruation ausscheiden kann, muss der Mann alle anfallenden Säuren sofort neutralisieren und ausscheiden.

Bei einer permanent sauren Stoffwechsellage raubt der Körper kontinuierlich die fehlenden, aber dringend notwendigen Mineralstoffe und Spurenelemente zur Säureneutralisierung aus dem grössten und entbehrlichsten Speicher – dem Haarboden. Damit bleibt den Haarwurzeln keine Nahrung mehr für den Haarwuchs.

Natürlicherweise verlieren wir ca. 40-100 Haare täglich. Ohne Nahrung wachsen aber keine neuen Haare mehr nach.

Wichtig zu wissen: Haarwurzeln (Papillen) sterben nicht einfach ab, wie oft angenommen wird. Sie schrumpfen zwar und werden inaktiv – aber sie leben!

IV BODYRESET: SO BAUEN SIE CELLULITE AB

Sie erreichen Ihr Ziel in drei Schritten. Sie **müssen** den ersten Schritt vor dem zweiten Schritt gehen, sonst funktioniert der Abbau nicht.

Erster Schritt: Neutralisieren (S. 53)

Dauer: 2-4 Wochen, je nach Grad der Übersäuerung
- Säure-Basen-Haushalt regulieren
- Stoffwechselfunktionen anregen

Zweiter Schritt: Cellulite abbauen (S. 63)

Dauer: mindestens 4 Wochen
- Lösen und Ausscheiden von bereits deponierten Cellulite-Schlacken

Dritter Schritt: Stabilisieren (S. 74)

- Frei von Cellulite leben mit der Säure-Basen-Balance

■ Ein ausgewogener Säure-Basen-Haushalt ist die Grundvoraussetzung für den zweiten Schritt, das Lösen deponierter Cellulite-Schlacken. **Der Körper gibt keine alten Schlacken her, wenn er nicht in Balance ist.** ■

Ihre Probleme haben sich in Jahren oder Jahrzehnten aufgebaut. Sie können deshalb auch nicht von einem auf den anderen Tag verschwinden. Aber mit meiner Methode werden Sie Ihren Körper dazu bringen, dass er seine Mülldeponien abbaut, dass die Haare wieder spriessen und störende Besenreiser verblassen.

Machen Sie Ihre 6-8 Wochenkur und beobachten Sie staunend, welches Wunderwerk der Natur Ihr Körper ist.

■ Ihr Körper kann sich nur von seinen Gift-, Säure- und Stoffwechselschlacken befreien, wenn Sie die geeigneten Voraussetzungen dazu schaffen – und das tun Sie mit **BodyReset**. ■

Ganz zum Verschwinden bringen Sie relativ schnell Ödeme, Akne, Reiterhosen, Besenreiser, Gelenkschmerzen und bis zu 10 Kilo Übergewicht.

Ich bin immer wieder fasziniert, wie schnell sich ein Organismus regenerieren kann, wenn man nicht die Symptome behandelt, sondern die eigentlichen Ursachen behebt. Um alle Schlackendepots aufzulösen und auch z.B. Cholesterinablagerungen in den Blutgefässen wieder durch Kalzium zu ersetzen, braucht der Körper nur etwa 10% der Zeit, die er zum Schlackenaufbau hatte.

Das kann Ihr Körper allerdings nur unter gewissen Bedingungen, und genau die werden wir ihm schaffen.

BodyReset
Fünf Massnahmen führen zum Erfolg

Das Erfolgsgeheimnis basiert auf 5 Massnahmen

1. Massnahme	Die richtigen Lebensmittelkombinationen
2. Massnahme	Die richtige Flüssigkeitszufuhr
3. Massnahme	Die richtige Mineralstoffzufuhr
4. Massnahme	Die richtige Haut- und Körperpflege
5. Massnahme	Die richtige Atmung und Bewegung

Bitte beachten Sie: Nur wenn Sie alle Massnahmen gleichzeitig einhalten, haben Sie den maximalen Erfolg.

1.Massnahme
Die richtigen Lebensmittelkombinationen

Alle in **BodyReset** empfohlenen Lebensmittelkombinationen in der Art der Zubereitung können vom Körper optimal verdaut und genutzt werden. Die Lebensmittelkombinationen von **BodyReset** basieren auf den folgenden Erkenntnissen:

Grundregeln

Grundregel 1	**Fett macht satt, aber nicht dick**
Grundregel 2	**Konzentrierte Kohlenhydrate machen dick oder hungrig**
Grundregel 3	**Tierisches Eiweiss hilft beim Abbau und erhöht nicht den Cholesterinspiegel**

... auch das sollten Sie wissen

- **Raffinierter Zucker – zuckersüss und trotzdem sauer**
- **Salz allein produziert keine Ödeme**
- **Vollkornprodukte belasten Darm und Verdauungswege**
- **Sauer oder basisch – das ist die Frage**

Basische Produkte haben einen positiven Einfluss auf unsere Gesundheit. Deshalb haben Kartoffeln, Bananen, Sahne und Mandeln in meinen Ernährungsplänen den höchsten Stellenwert.

Grundregel 1: Fett macht satt aber nicht dick[2]

Unter einer Bedingung: Fett darf **nicht** mit **konzentrierten Kohlenhydraten** kombiniert werden. **Konzentrierte Kohlenhydrate sind**: Zucker, Reis, alle Getreideprodukte wie Teigwaren und Brot sowie Hülsenfrüchte und Mais. Ausser Mais werden alle konzentrierten Kohlenhydrate säurebildend verstoffwechselt.

Nun die wunderbare Nachricht: Fett **darf** mit **einfachen Kohlenhydraten** kombiniert werden.

[2] Fundamante des Gesundbleibens

Einfache Kohlenhydrate sind: Kartoffeln, Bananen, süsse Früchte, grüne Blattsalate und basische Gemüse. Fett darf auch mit Eiweissprodukten wie Eier, Fleisch und Fisch kombiniert werden.

Die meisten von Ihnen haben schon von der Hay'schen Trennkost gehört oder gelesen. Aus der Sicht von Dr. Hay, der damals die Gesetze des Salzkreislaufs noch nicht kannte, fand die Verdauung im Magen statt. Er glaubte, der Magen würde nur dann Säure produzieren, wenn Eiweiss gegessen wird, und Kohlenhydrate würden ohne Säure verdaut.

■ **Wer hätte das gedacht?** Mit dieser Kombination bauen Sie Cellulite ab:

Fruchtsalat aus Banane und Melone, dazu Schlagsahne, garniert mit Mandelsplittern. ■

Tatsache ist, dass der Magen Eiweiss nur chemisch aufspaltet. Danach wird der Mageninhalt in den Zwölffingerdarm transportiert, wo die Galle für die Fettverdauunq und die Bauchspeicheldrüse für die Aufspaltung der Kohlenhydrate zuständig ist. Jetzt gelangt der Speisebrei in den Dünndarm, wo die eigentliche Verdauung stattfindet, und zwar unter streng basischen Bedingungen, das heisst, säurebildende Kohlenhydrate müssen mit Basen neutralisiert werden. (Siehe auch Seite 32)

Im Dünndarm beginnt die Nährstoffverteilung. Über die Darmzotten werden die Nährstoffe aufgenommen und mit dem Blut in die Leber und in die Zellen verteilt. Ich kenne einige Menschen, die mit der Trennkost abgenommen haben, aber auch solche, die zugenommen haben. Aber Cellulite hat niemand damit abgebaut.

Laut Trennkostprinzipien dürfen Eiweiss und Kohlenhydrate nicht zusammen gegessen werden, aber sowohl Eiweiss als auch Kohlenhydrate dürfen zusammen mit Fett gegessen werden.

Die Kombination von Eiweiss und Fett ist auch bei meiner Methode erlaubt. Warum ist bei mir die Kombination von Fett und konzentrierten Kohlenhydraten nicht erlaubt?

Grundregel 2: Konzentrierte Kohlenhydrate machen dick oder hungrig[3]

Je mehr Kohlenhydrate in einem Nahrungsmittel enthalten sind, desto schneller werden Sie verstoffwechselt und bewirken einen Anstieg des Blutzuckers.

Die Bauchspeicheldrüse produziert das Hormon Insulin, das den Blutzucker in Glykogen umwandelt. Nur in dieser Form kann der Zucker vom Körper als Wärme- und Energieversorgung gespeichert werden. Essen wir nun unserer Figur zuliebe viele Kohlenhydrate ohne Fett, reagiert die Bauchspeicheldrüse mit einer massiven Produktion von Insulin. Dieses wiederum baut in der Folge mehr Zucker im Blut ab, als wir mit dem Essen zu uns genommen haben.

Der Blutzuckerspiegel sinkt in den Keller, wir werden energielos und ... hungrig. Also müssen wir wieder essen – meist hat man in diesem Zustand Heisshunger auf Zucker. Ein Teufelskreis beginnt.

Geben wir nun auch noch Butter oder Saucen zu den Spaghetti oder zum Reis, ohne diese geballte Energie mit Sport oder anderen körperlichen Aktivitäten sofort zu verbrauchen, wird das unverbrauchte Glykogen in Fett umgewandelt...
...Übergewicht entsteht.

Ausser Mais werden auch noch alle konzentrierten Kohlenhydrate sauer verstoffwechselt.

Fatalerweise kombinieren gerade figurbewusste Menschen ihre Menüs meist mit viel Salat, angemacht mit einigen Tropfen Öl, Essig oder Zitrone. Dazu mageres Fleisch, Tofu oder Fisch, Vollkorn- und Magermilchprodukte u.s.w. – ausser dem Salat und den paar Tropfen Öl sind alle Zutaten sauer im Stoffwechsel...
...Cellulite entsteht.

Und hätten Sie das gedacht ?
Damit bauen Sie Übergewicht ab:

Fischfilet
an Rahmsauce,
Petersilienkartoffeln
und Broccoli
mit gerösteten
Pinienkernen.

[3] Die gute Figur

Einfache Kohlenhydrate wie Kartoffeln und Bananen werden basisch verstoffwechselt und bewirken in Kombination mit Fett nur einen geringen Anstieg des Blutzuckers. Infolge geringerer Insulinproduktion findet keine Neubildung von Fettgewebe statt. Allerdings muss die Fettzugabe ab 16 Uhr sparsam sein, wenn Sie abnehmen wollen.

Grundregel 3: Tierisches Eiweiss hilft beim Abbau und erhöht nicht den Cholesterinspiegel[4]

Nicht das Cholesterin in tierischen Produkten ist verantwortlich für erhöhte Werte, sondern der ungedeckte Mineralstoffbedarf zwecks Säureneutralisation.

Wie wir erfahren haben, lagert der Organismus Cholesterin in den Blutgefässen ein, wenn er zwecks Säureneutralisation Kalzium benötigt.

Unser Körper braucht Cholesterin für verschiedene Funktionen. Es ist vor allem ein Grundstoff für die Produktion unserer weiblichen und männlichen Hormone Östrogen und Testosteron. Ohne diese Hormone wäre Fortpflanzung nicht möglich, wir würden aussterben. Unser Organismus selbst produziert für seinen Bedarf viel mehr Cholesterin, als wir über die Nahrung aufnehmen.

Obwohl Fleisch, Fisch, Käse und Eier relativ viel Cholesterin und Säuren enthalten, können sie in Kombination mit Basenbildnern einen erstaunlichen Abbau von Gewicht und Cellulite bewirken. Und eine Verbesserung der Blutfettwerte. Aber nur, solange Sie **nicht** gleichzeitig konzentrierte, säurebildende Kohlenhydrate essen. Denn damit kommen Sie wieder in einen Säureüberschuss.

Diese positive Reaktion beruht auf dem hohen Gehalt basischer Mineralstoffe. Dadurch verbraucht der Organismus keine körpereigenen Mineralstoffe, um die Säuren zu neutralisieren. Aber tierische Produkte enthalten auch Magnesium und Kalzium sowie verschiedene fettlösliche Vitamine. So kann Kalzium z.B. nur mit Vitamin D vom Körper aufgenommen werden.

[4] Fundamente des Gesundbleibens

Vitamin D wiederum kann nur in Kombination mit Fett aufgenommen werden. Und so gibt es viele komplexe und komplizierte Mechanismen in unseren Körper- und Stoffwechselfunktionen.

Was Sie auch noch wissen sollten

Raffinierter Zucker: Zuckersüss und trotzdem sauer[5]

Zucker ist das konzentrierteste Kohlenhydratprodukt. **100 Gramm Zucker = 100 Gramm Kohlenhydrate.** Raffinierter Zucker ist der grösste Mineralstoffräuber. Obwohl wunderbar süss im Geschmack, ist raffinierter Zucker absolut sauer im Stoffwechsel und lässt unsere Insulinproduktion auf Hochtouren arbeiten und... unsere Cholesterinproduktion.

Mutter Natur hat uns das Zuckerrohr geschenkt. Es enthält Mineralstoffe und Vitamine, Chlorophyll und Spurenelemente. Bevor wir den Rohrzucker als sauberen, weissen, süssen, makellosen Zucker kaufen können, geschieht folgendes: Zuerst werden die Zuckerrohre mit Kreidemilch erhitzt, um den Zucker und das Kalzium zu entziehen. Durch diese alkalische Behandlung werden alle Vitamine zerstört. Nun wird der Zucker mit Kalk, Kohlensäure, Schwefeldioxyd und zu guter Letzt mit Natriumkarbonat aufbereitet. Jetzt sind auch alle Spurenelemente vernichtet. Diese nun mineralstoff- und vitaminlose, tote, hochkonzentrierte Kohlenhydratmasse nennt sich Haushaltszucker.

Künstliche Süss-Stoffe – ein problemloser und kalorienarmer Ersatz für den Industriezucker? Weit gefehlt! Der Geschmack "süss" im Gaumen bedeutet für den Organismus immer "Zucker". Vorsorglich beginnt die Bauchspeicheldrüse Insulin zu produzieren, um den zu erwartenden Zucker abzubauen. Da aber kein Zucker kommt, baut der Körper vorhandenen Zucker im Blut ab, der Blutzuckerspiegel sinkt. Wir werden müde ...und bekommen

Raffinierter Zucker ist in vielen Halbfertig- und Fertigprodukten enthalten, denn er ist ein beliebter und billiger Geschmacksverstärker. In Milchprodukten zerstört genau dieser Anteil das eigentlich gesunde Produkt.
Der Zuckeranteil verbraucht die Mineralstoffe, um neutralisiert zu werden. Sie und ihre Kinder haben das Nachsehen.

[5] Nie wieder sauer

Heisshunger auf Zucker! Unser Körper braucht und wir lieben Zucker. Süsse Früchte, insbesondere die Banane lassen in Kombination mit Sahne den Blutzuckerspiegel nur geringfügig ansteigen, und Sie sind für 3-4 Stunden satt.

Salz allein produziert keine Ödeme[6]

In unserem Blut zirkulieren ständig ungefähr 6 Gramm Kochsalz, eine einfache chemische Verbindung von Natrium und Chlor. An dieser Menge hält der Organismus konstant fest.

Verarbeitet werden im Organismus allerdings innerhalb eines Tages 30 bis 40 Gramm Kochsalz. Unser Körper reagiert sowohl auf Mangel wie auf Überfluss. Bei einem Mangel erteilt der Körper den Befehl "Ausfuhrverbot", das Salz wird im Körper festgehalten, die Nieren dürfen nichts ausscheiden. Bei einem Zuviel meldet der Körper "Durst", die Konzentration muss solange verdünnt werden, bis das Zuviel über die Nieren ausgeschieden werden kann.

Unser Magen ist eine Säure- und Basenfabrik...
... und dazu benötigt er das Kochsalz. In erster Linie dient die Kochsalzspaltung der Produktion von Magensäure, um Eiweisse in ihre verdauungsfähigen Einzelteile zu zerlegen. Die sogenannten Belegzellen des Magens zerlegen das Kochsalz in seine Bestandteile. Durch die Verbindung Chlor und Wasserstoff entsteht Salzsäure, durch die Verbindung Natrium, Wasserstoff, Kohlenstoff und Sauerstoff entsteht basisches Natriumbicarbonat.
Wenn 1 Gramm Salzsäure entsteht, bilden sich 2,3 Gramm Natriumbicarbonat.

Diese Tatsache hat mich dazu bewogen, Käse, Eier, Fleisch und Fisch immer mit basischen Nahrungsmitteln zu kombinieren.

Übersäuere ich mich durch den gleichzeitigen Konsum von tierischem Eiweiss **und** konzentrierten Kohlenhydraten in Form

In der Säure-Basen-Balance muss der Körper kein Wasser zur Säureverdünnung zurückhalten, die Nieren lassen los. Sie werden staunen, wie schnell das Wasser trotz normalem Salzkonsum aus Ihren Gelenken verschwindet. Und zwar auf ganz natürliche Weise.

[6] Übersäuerung: Krank ohne Grund?

von Zucker, Brot, Teigwaren oder Reis, produziert der Magen zunächst Salzsäure, um das anfallende Eiweiss aufzuspalten; 2 bis 3 Stunden später produziert er erneut Säure, um dem Körper Natriumbicarbonat zur Säureneutralisation zur Verfügung zu stellen. Gleichzeitig ist jetzt aber auch Salzsäure vorhanden, für die der Körper keine Verwendung hat. Saures Aufstossen oder Sodbrennen sind die Folge. Und der Körper verlangt erneut nach Nahrung, um die Magensäure loszuwerden. Ist diese neue Nahrung wieder im Säureüberschuss, braucht der Körper wieder Natriumbicarbonat, und produziert noch mehr Magensäure. Die Folgen sind bekannt.

Nur der Magen kann Natriumbicarbonat herstellen...
...es bindet die anfallenden Säuren im Körper, die so über Darm, Niere, Haut oder Atmung ausgeschieden werden können. Lebe ich im permanenten Säureüberschuss, muss der Körper für die lebensnotwendige Neutralisation zu viele Säuren mit körpereigenen Mineralstoffen unschädlich machen. Es findet ein schleichender, aber kontinuierlicher Abbau der Mineralstoffdepots statt – die eigentliche Ursache für viele ästhetische und später gesundheitliche Probleme.

Vollkornprodukte belasten Darm und Verdauungswege[7]

Man sagt (wer ist "man"?), im vollen Korn von Getreide und Reis, in der Schale von Früchten und Gemüsen befinden sich die meisten Vitamine und Mineralstoffe. Stimmt! "Man" sagt Ihnen aber nicht, dass sich dort auch alle Abwehrstoffe der Pflanze gegen Krankheitserreger und Schädlinge befinden.

Jede Pflanze, die durch ihre Wurzel mit der Erde verbunden ist, lebt! Tiere und Menschen können bei "Angriff" weglaufen, Pflanzen nicht. Deshalb haben sie komplexe und ausgeklügelte Abwehrmechanismen gegen ihre Feinde entwickelt. Das sind

Finger weg von Entwässerungskapseln! Sie zwingen die Niere zur Ausscheidung von Wasser, das der Körper zur Säureverdünnung benötigt.

Führe ich dem Körper von aussen genügend basische Mineralien zu, binde ich überschüssige Säuren. Der Körper muss kein zusätzliches Wasser zur Säureverdünnung zurückhalten.

[7] Fundamente des Gesundbleibens

äusserlich z.B. Dornen oder beim Getreide Silikateinlagerungen. Manche Pflanzen produzieren auch Giftstoffe. Die Kartoffel z.B. bildet neben dem Gift Solamin noch mindestens acht weitere Abwehrstoffe, um Tieren und Menschen den Appetit auf sie zu verderben. Für Insekten sind diese Giftstoffe meist tödlich.

Naturbelassene, ballaststoffreiche (= unverdauliche) Nahrungsanteile können die Verdauung belasten. Durch ihre Strukturen als Körnchen, Silikate, Schalen u.s.w. kratzen und reizen sie den Magen und die empfindlichen Schleimhäute der Verdauungsorgane.

Mit Vollkornprodukten, Vollreis, ungeschälten Früchten und rohem Gemüse essen wir auch alle Abwehrstoffe, inklusive die Rückstände der mit Pestiziden und Insektiziden behandelten Monokulturen.

Die unverdaulichen Schalen, Körner u.s.w. können bei empfindlichen Menschen Bauchschmerzen, Blähungen und unangenehme Winde verursachen. Geschält und schonend zubereitet enthalten Früchte, Reis und Gemüse immer noch genügend Ballaststoffe für eine gesunde Verdauung – aber in einer sanften und magenfreundlichen Form.

Einzig Grünkern[8] (unreif geernteter Dinkel) hat noch unverhärtete, weiche Körner. Die Enzyme, die sofort nach der Ernte Schutzstoffe produzieren, werden durch Erhitzung zerstört. Dinkel ist wohl insgesamt am besten für die menschliche Ernährung geeignet. Der Eiweiss-, Vitamin- und Mineralstoffgehalt ist nicht nur konzentriert in den Randschichten zu finden, sondern gleichmässig verteilt im stärkehaltigen Mehlkörper.

Detaillierte und interessante Hintergrundinformationen finden Sie in dem humorvoll geschriebenen Buch "Prost Mahlzeit – Krank durch gesunde Ernährung"[9].

Um in den Genuss von gesunden und natürlichen Vitaminen der B-Gruppe, von A, C, D und E und allen im Getreide enthaltenen Mineralstoffe zu kommen, können Sie Sprossen kaufen oder selber ziehen[10].

[8] Zum richtigen Zeitpunkt.

[9] Literaturhinweis S. 98

[10] Gesund und schlank mit Trennkost.

Sauer oder basisch – das ist die Frage

Es gibt viele gute Bücher, die das Problem der Übersäuerung – deren Ursachen und Folgen – ausführlich beschreiben. Unterschiedlich bis widersprüchlich hingegen sind die verschiedenen Ernährungsempfehlungen sowie die Angaben über die säure- bzw. basenbildende Reaktion von Lebensmitteln im Stoffwechsel. Diese hängt nämlich mit dem aktuellen Säure-Basen-Haushalt zusammen.

Ein Beispiel:
Die **Banane** wird **immer basisch** verstoffwechselt, egal, ob Sie übersäuert sind oder nicht. **Fleisch** dagegen enthält und produziert **immer Säure** im Stoffwechsel, egal, ob Sie übersäuert sind oder nicht.

Nehmen wir hingegen eine saure Frucht, die neben Fruchtsäure auch basische Mineralien und wertvolle Vitamine enthält, sieht die Reaktion anders aus: Bei einem normalen Säurestoffwechsel wird die Säure der Frucht oxidiert, und die basischen Mineralstoffe werden freigesetzt. In diesem Fall wirkt sich die Frucht positiv aus, indem sie zur Bildung von Basen führt.

In einem übersäuerten Körper hingegen werden Fruchtsäuren weder oxidiert noch umgewandelt. Sie verbleiben als Säuren im Organismus. Es findet keine Bildung von Basen statt, sondern ein Mineralstoffverbrauch zur Neutralisation der Fruchtsäure. Damit richtet die Frucht mehr Schaden als Nutzen an.

Ob ein Nahrungsmittel basisch oder sauer reagiert, hängt also eng mit der momentanen Stoffwechsellage zusammen. In meiner Übersichtstabelle im Anhang S.90 gehe ich immer von einer Übersäuerung aus. Damit haben Sie eine einfache und immer richtige Information.

Das ist basisch

Pilze
Sahne
Mandeln
Frische Kräuter
Viele Obstsorten
Viele Kräutertees
Viele Gemüsesorten
Alle grünen Blattsalate
Bewegung an der frischen Luft
Lebensfreude
Optimismus
Musse
Liebe

Das macht sauer

Zucker
Nudeln
Fleisch
Getreide
Limonaden
Süssigkeiten
Colagetränke
Trauer
Stress
Angst
Ärger
Wut

2. Massnahme
Die richtige Flüssigkeitszufuhr

Viel trinken ist wichtig

Vorab sei gesagt: Sie benötigen täglich mindestens 2 Liter Wasser, um mit **BodyReset** Erfolg zu haben.

Ich selbst habe früher immer zu wenig getrunken, ich hatte nie Durst. Dafür habe ich bezahlt: Das erste Mal mit 21 Jahren mit einer Nierenkolik, das zweite Mal während meiner zweiten Schwangerschaft im 7. Monat mit einer erneuten Kolik. Da die Schmerzen ähnlich anfangen wie Geburtswehen, fuhr ich ins Krankenhaus, um mein Baby auf die Welt zu bringen. Man machte alles bereit für eine Frühgeburt. Beim Anschliessen des Monitors sah man jedoch absolut keine Wehentätigkeit. Der Arzt merkte schnell, dass ich eine Nierenkolik hatte. Medikamente durfte er nicht verabreichen. Ich wurde ins Bett verfrachtet und musste alle 10 Minuten ein Glas Wasser trinken – etwa 5 Liter innerhalb von 5 Stunden. Später erklärte mir der Arzt, warum es so enorm wichtig ist, genügend Flüssigkeit in Form von Wasser oder Kräutertee zu trinken.

■ Wassers ist sehr wichtig, es ist das wichtigste Element zur Erhaltung des Lebens und aller damit verbundenen Funktionen. ■

Wasser auf nüchternen Magen – die Dusche von innen
Bis heute muss ich mich überlisten, um genügend Flüssigkeit zu mir zu nehmen. Wie ich das schaffe, verrate ich Ihnen gern: Als erstes trinke ich gleich nach dem Aufstehen ein grosses Glas lauwarmes Wasser – das wichtigste des Tages!

Unser Körper entgiftet, entschlackt, heilt und repariert hauptsächlich nachts zwischen 22 Uhr und 5 Uhr. Wenn wir schlafen, essen wir nicht, ärgern uns nicht. Von aussen kommen keine Störungen. In dieser Ruhephase stellt der Körper Säuren und Giftstoffe für die Ausscheidung am Morgen bereit. Mit einem Glas Wasser am Morgen reinigen Sie Ihr ganzes Entsorgungssystem. Die Dusche von innen.

Wenn Sie sich schwer tun mit Trinken...
...folgen Sie meinem Beispiel. Mittlerweile gibt es überall stilles Mineralwasser in 7,5 dl PET-Flaschen mit einem Trinkaufsatz, den Sie mit einer Hand oder auch mit den Zähnen öffnen und verschliessen können.

Wenn Sie mit **BodyReset** anfangen, kaufen Sie drei solcher Flaschen.
- stellen Sie eine Flasche in die Küche
- eine Flasche nehmen Sie überall hin mit
- eine Flasche bleibt am Arbeitsplatz

Trinken Sie diese drei Flaschen über den Tag verteilt leer.
Trinken Sie zwischen den Mahlzeiten, bis spätestens 1/2 Std. vor dem Essen, damit die Magensäfte nicht verdünnt werden.
Trinken Sie am ersten Tag ganz bewusst und immer wieder, um das neue Trinkverhalten einzuüben.
Trinken Sie jedes Mal einen Schluck, wenn Sie an der Flasche vorbeilaufen.
Trinken Sie im Auto oder Zug bei jedem Halt.

Alle drei Flaschen **müssen leer sein**, bevor Sie schlafen gehen. Der Vorteil dieser Trinkflaschen besteht in ihrer Handhabung. Schnell im Vorbeigehen ansetzen und trinken ist kein Aufwand. Zuerst ein Glas suchen, Flasche öffnen, Glas füllen, trinken, Flasche zu – allein schon diese Prozedur hat mich früher davon abgehalten, genügend Wasser zu mir zu nehmen.

Und es stimmt nicht, dass Sie nun permanent auf die Toilette gehen müssen. Mit der Ernährungsumstellung vermeiden Sie weitestgehend eine Neubildung von Schlacken. Sind die am Anfang noch vorhandenen "Abfallstoffe" erst einmal ausgeschieden, müssen Sie nicht öfter als sonst zur Toilette.

Dafür kann der Körper mit mehr verfügbarem Wasser auch mehr Gift- und Säureschlacken transportieren und ausscheiden.

Betrachten Sie Ihren Körper in Zukunft genau so wie Ihre Wohnung, Ihre Pflanzen, Ihr Auto. Nähren Sie ihn, pflegen Sie ihn und reinigen Sie ihn regelmässig.

3. Massnahme
Die richtige Mineralstoffzufuhr

Voraussetzung für die Wiederherstellung des Säure-Basen-Gleichgewichts ist neben den richtigen Kombinationen der Verzehr von mineralstoffreichen Lebensmitteln.

Der Wert biologischer Produkte

Bio-Eier, Bio-Milch und daraus hergestellte Milchprodukte stammen von gesunden Tieren, die im natürlichen Kreislauf von Nahrung, Wachstum und Bewegung leben und gedeihen.

Die Fruchtfolge, das Abwechseln der angebauten Pflanzenarten sind für den Biobauern von grösster Bedeutung. Im biologischen Landbau wird auf Pflanzennachbarschaften geachtet, die sich gegenseitig fördern und vor Schädlingen schützen. Der Boden wird mit Dünger von artgerecht gefütterten Tieren genährt, was wiederum einen gesunden, für das Wachstum nährstoffreicher Pflanzen notwendigen Humus schafft.

Das Fleisch dieser Tiere....
ist qualitativ hochwertiger als das von Tieren aus der Massen- und Mastzuchthaltung. Diese werden teilweise mit Kunstfutter und Hormonen ernährt und unter Einsatz von Antibiotika "krankheitsfrei" gehalten. Diese Tiere leiden unter Stress, Lieblosigkeit und Bewegungsarmut. Ihr furchtbares Los teilen diese armen Kreaturen tagtäglich mit Millionen von Leidensgenossen. Sie werden als Ware geboren und behandelt – der Tod muss eine wirkliche Erlösung sein. Auch wenn Bio-Produkte etwas teurer sind - betrachten Sie Ihren Körper als Ihren besten Freund, den Sie lieben und verwöhnen – das Beste ist gerade gut genug für Ihn. **Weil er es wert ist !!!**

Auch in Supermärkten finden sie zwischenzeitlich Eier, Käse, Butter, Sahne, Fleisch, Geflügel, Früchte und Gemüse aus kontrolliert biologischem Anbau.

Beim Fischkauf sollten Sie darauf achten, keine Zuchtfische zu kaufen – auch diese Tiere fristen ein trauriges Dasein.

Ganz wichtig: Werden Sie ein kritischer Konsument. Informieren Sie sich über Inhaltsstoffe und die Zusammensetzung von Fertigprodukten.

Mit **BodyReset** tun Sie den ersten Schritt. So verbessern Sie nicht nur Ihre Figur und ihre Gesundheit, sondern finden auch zum ökonomischen und ökologischen Gleichgewicht unserer Erde zurück.

In meiner Praxis habe immer wieder die Erfahrung gemacht, dass während der Entschlackungsphase ein pflanzliches Mineralstoffpräparat ergänzend eingenommen werden muss. In dieser Zeit ist der Mineralstoffbedarf so hoch, dass man ihn durch Ernährung alleine nicht abdecken kann.

Natürlich und wirksam: Pflanzliche Nahrungsergänzungen

Einmal entschlackt und cellulitefrei, genügt in der Regel eine Ernährung mit natürlichen und hochwertigen Lebensmitteln.

Bis es soweit ist, benötigen Sie zusätzliche Mineralstoffe in Form von Nahrungsergänzungen. Besonders geeignet sind pflanzliche Mineralstoffprodukte.

Pflanzliche Nahrungsergänzungen können vom Körper besser verwertet werden als im Labor "nachgebaute" Produkte – sie haben eine höhere Bioverfügbarkeit. Das mag auch darin begründet liegen, dass pflanzliche Nahrungsergänzungen immer eine Fülle von Vitalstoffen enthalten, die sich bei der Aufnahme im Körper gegenseitig positiv beeinflussen. Ein Beispiel: Selen kann vom Körper wesentlich besser aufgenommen werden, wenn gleichzeitig Vitamin E zugeführt wird. Diesen Effekt, dass sich Stoffe wie Protagonisten (= unterstützen sich gegenseitig bei der Aufnahme) oder Antagonisten (= behindern sich gegenseitig bei der Aufnahme) verhalten, gibt es bei vielen Vitalstoffen. Da die einzelnen Mineralstoffe in natürlich gebundener Form nicht so hoch dosiert sind wie in synthetischen Monoprodukten, ist eine Überdosierung praktisch nicht möglich.

Deshalb empfehle ich immer, Mineralstoffdefizite mit pflanzlichen Nahrungsergänzungen auszugleichen.

Sehr gute Erfahrungen habe ich mit Mikroalgenprodukten gemacht. So zählt z.B. die Spirulina platensis Mikroalge[11] zu den wertvollsten, basischen Natursubstanzen unserer Zeit. Achten Sie auf gute Qualität. Hochwertige Mikroalgen sind dunkelgrün und riechen angenehm. Billige Qualitäten riechen nach Fisch.

4. Massnahme
Die richtige Haut- und Körperpflege

Die Haut ist ein sehr wichtiges Ausscheidungsorgan. Die Haut besitzt einen Säuremantel. Puffern wir diesen Mantel mit einer basischen Lösung (z.B. basisches Badesalz[12]), liefert der Körper sofort Säuren nach, um wieder den richtigen Haut pH-Wert zu erreichen.

So können Sie so auf einfache Weise die Haut zur permanenten Ausscheidung anregen.

Durch die Ausscheidung von Säuren über die Haut entlasten Sie die inneren Organe, die Niere kann loslassen, überschüssiges Wasser, das zur Säureverdünnung zurückgehalten wurde, wird freigegeben. Anfangs werden Sie regelmässig nach dem Baden oder Duschen zur Toilette müssen. Die wirkungsvollsten Massnahmen sind:

Das Basenpolster
(Funktioniert nur bei täglicher Anwendung)
Bevor Sie duschen, morgens oder abends, lösen Sie einen gehäuften TL basisches Badesalz mit ca. 1 l heissem Wasser in einem Gefäss auf und legen einen Waschlappen oder Schwamm in diese Lauge. Stellen Sie das Gefäss in Griffnähe und Duschen Sie wie immer. Nach dem Duschen benetzen Sie mit dem Waschlappen oder Schwamm den ganzen Körper mit der Lauge – vom Hals (bei Haarverlust vom Kopf) bis zu den Zehenspitzen.
Nicht abtrocknen!

[11] Bezugsquellennachweis S.104

[12] Bezugsquellennachweis S.104

Steigen Sie aus der Wanne und spülen Sie die Duschwände und Armaturen mit kaltem Wasser ab.

Wenn Sie trocken sind, verteilen Sie eine gute Anti-Cellulite-Creme[13] auf die betroffenen Stellen und massieren Sie die Creme von unten nach oben ein. Den übrigen Körper pflegen Sie mit einem guten Körperöl – am besten pH-Wert neutral.[14]

Basische Zahnpflege
Geben Sie nach dem Zähneputzen ein wenig basisches Zahnputzsalz auf die Zahnbürste und putzen Sie nochmals ganz sanft und ohne Druck die Zähne, bis das Salz verflüssigt ist.

Nicht reiben und nicht das Zahnfleisch mit der Bürste bearbeiten! Nehmen Sie anschliessend einen Schluck Wasser und gurgeln Sie mit der Salzlösung. Spucken Sie aus.

Sauna mit Basenpolster
Reiben Sie sich, kurz bevor Sie in die "Schwitzkammer" gehen, mit der Lauge ein. Nehmen Sie ein dunkles Handtuch als Unterlage – manche Schlacken geben Flecken, die sich nicht mehr auswaschen lassen.

Basisches Fussbad
Wenn Sie am Abend zu Hause sind, fernsehen, lesen oder am Computer arbeiten, machen Sie gleichzeitig ein Fussbad. Basische Fussbäder sind eine wirksame Entlastungsmassnahme.

Machen Sie 4 Wochen lang täglich ein 1-2 stündiges Fussbad, danach jeden 2. Tag. Einmal zufrieden mit Aussehen und Wohlbefinden, genügen 1-2 Fussbäder wöchentlich.

Viele Menschen leiden unter Fuss- und Nagelpilz. Ein Fussbad in basischer Lauge kann hier vorbeugend wirken

So wird's gemacht: Lösen Sie 2 TL basisches Badesalz in einem

Wenn Sie stark übersäuert sind, wird Ihre Haut anfangs etwas trockener, vorübergehend können auch kleine Pickel oder andere Hautunreinheiten auftreten. Lassen Sie sich nicht irritieren, machen Sie einfach jeden Tag weiterhin das Basenpolster.

[13] Bezugsquellennachweis S.104

[14] Bezugsquellennachweis S.104

Plastikbecken mit soviel warmem Wasser auf, dass die Fussknöchel bedeckt sind. Stellen Sie das Becken auf ein grosses Frottéetuch unter Ihre Füsse, daneben ein paar Hausschuhe. So können Sie, wenn Sie sich bewegen müssen, die Füsse abtrocknen und in die Hausschuhe schlüpfen. Durch den hohen Salzgehalt kühlt das Wasser nur langsam ab. Wenn Sie mögen, giessen Sie heisses Wasser nach.

■ Wenn die erste Ausscheidungsphase in ca. 7 bis 20 Tagen abgeschlossen ist, haben Sie wieder eine wunderschöne, zarte, makellose Haut. ■

Basisches Vollbad

Wenn Sie gerne und lange baden, können Sie natürlich an Stelle von Fussbädern auch ein Vollbad nehmen. Geben Sie dazu 3 EL basisches Badesalz ins Badewasser.
Badedauer: ca. 30 - 60 Min.

Basische Kosmetik

Damit die Ausscheidung über die Haut optimal funktionieren kann, sollten Sie für die Hautpflege Produkte auf pflanzlicher Basis mit pH Werten von 7.0 oder höher verwenden. Bewährt haben sich ebenfalls basische Peelings, mit denen Sie abgestorbene Hautzellen und Ablagerungen von Kosmetika (z.B. Silikone) gründlich entfernen. Dadurch kann die Haut wieder "atmen".

5. Massnahme
Die richtige Atmung und Bewegung

Richtig atmen

Jede einzelne Zelle ist abhängig von Sauerstoff. Allein schon durch richtiges Atmen können Sie den Säure-Basen-Haushalt positiv beeinflussen.

Es gibt zwei Formen von Atmung:

- Die erste Form ist die mechanische, die wir 24 Stunden pro Tag anwenden, ohne darüber nachzudenken. Dieses Atmen geschieht automatisch.
- Mit der zweiten Form, der bewussten Tiefenatmung können wir unsere ganzen Körperfunktionen positiv beeinflussen.

Richtig atmen beeinflusst die Atmung der Zelle selbst, die durch das vegetative Nervensystem gesteuert wird. Hier geht es um die richtige Verbrennung, die Zufuhr von Sauerstoff und den Abtransport von Kohlensäure über die Blutbahn und Lunge
Richtig atmen heisst, tief in den Bauch einatmen, tief aus dem Bauch ausatmen!
Richtig atmen heisst, durch die Nase einatmen, durch die Nase ausatmen! Sie werden schnell sauer, wenn Sie durch den Mund einatmen. Die Zellen bekommen nicht genügend Sauerstoff und sterben schneller ab. Mit dem Absterben fällt im Organismus zusätzlich Asche an. Durch dieses Abfallprodukt verschiebt sich der pH-Wert in den sauren Bereich.
Richtig atmen in Kombination mit einem sportlichen Ausdauerprogramm ist das Beste, was Sie für Ihren Körper tun können.

Ein täglicher Spaziergang von nur 20 Minuten mit bewusster Atmung bewirkt bei einer Übersäuerung eine Verschiebung in den neutralen bis basischen Bereich.
Wichtig dabei ist die richtige Atmung: bewusste Tiefenatmung wirkt sich auch auf den Lymphfluss positiv aus.

Richtig bewegen

Körperliche Bewegung aktiviert den Zellstoffwechsel und die Muskelpumpe. Deshalb trägt Bewegung wesentlich zum Erfolg von **BodyReset** bei. Die besten Ausdauerprogramme im maximalen Pulsbereich von 120 - 130 sind Schwimmen, Radfahren, Joggen, Tennis, Aerobic, Wandern, Tanzen, Spinning, Callanetics, Inlineskaten sowie Krafttraining mit kleinen Gewichten und vielen Wiederholungen.
Aber Achtung: Sport bis zum Muskelkater bedeutet Übersäuerung! Muskelkater ist nichts anderes als Milchsäure, die wie alle anderen Säuren mit Basen oder Mineralstoffen neutralisiert werden muss.

Das Body Reset Fitprogramm
7 Übungen à 3 Minuten für eine perfekte Figur

Wie bekomme ich ohne grosse Anstrengung und ohne grossen Zeitaufwand während der Kur eine schöne Silhouette und ein straffes Bindegewebe? Dazu habe ich einige einfache, aber sehr effiziente Übungen entwickelt, die Sie schon am Morgen vor dem Aufstehen im Bett machen können.

Zusammen mit der richtigen Tiefenatmung bei offenem Fenster können Sie auf einfache und bequeme Weise schon vor dem Frühstück Ihr Mindestsoll an Bewegung und Sauerstoffaufnahme erfüllen.

■ Alle Übungen bestehen aus einem kleinen, aber oft zu wiederholenden Bewegungsablauf. Damit bauen Sie gezielt die beanspruchten Muskeln auf. ■

Und so geht's:
Zählen Sie gedanklich beim Einatmen 1, beim Ausatmen 2, beim Einatmen 3, beim Ausatmen 4 und so weiter.
Pro Einatmen oder Ausatmen wird die Übung zweimal gemacht. Das heisst, wenn Sie z.B. bis 10 gezählt haben, haben Sie die Übung 20 mal wiederholt. Wenn Sie bis 50 gezählt haben, haben Sie die Übung 100 mal wiederholt.
Zählen Sie am Anfang bis 10 und versuchen Sie, täglich um 5 zu erhöhen, bis Sie auf der angegebenen Höchstzahl sind: 30 bis 50, je nach Übung. Das entspricht 60 bis 100 Wiederholungen. Nur mit dieser Mindestanzahl erreichen Sie eine Verbesserung Ihrer Silhouette. Natürlich ist mehr immer erlaubt.

Hilfspunkt bei allen Übungen sind Ihre Hüftknochen, die jeweils in der Ausgangsposition mit den Händen berührt werden. Danach wird der Po angespannt, und zwar bei allen Übungen.

Nach jeder Übung oder jedem Übungsblock sollten Sie sich frei und breit nach allen Seiten recken und strecken, so wie Sie das tun, wenn Sie gerade aufgewacht sind.

1. Übung: Für straffe Innenschenkel

Seitlich liegen, den Kopf in die Armbeuge legen oder mit einer Hand aufstützen, mit der anderen den Hüftknochen berühren.

ACHTUNG: Kein Hohlkreuz machen!

Jetzt das obere Bein angewinkelt über das untere Bein legen und den Po anspannen. Das untere Bein gestreckt etwa 10 cm anheben und in dieser Position 2 -3 cm nach oben und unten bewegen. Bis 50 zählen (= 100 Wiederholungen).

Wiederholen Sie die Übung auf der anderen Seite.

2. Übung: Für straffe Innenarme und einen festen Busen

Auf dem Bauch liegen, Kopf auf eine Seite legen. Beide Hände an die Hüftknochen legen. Hüfte nach unten drücken, Po anspannen. In dieser Position bleiben. Arme seitlich ausstrecken und ohne zu beugen hinter den Rücken führen. Je näher sich die Daumen kommen, umso besser. Nun die angespannten Arme 2-3 cm nach oben und unten bewegen.

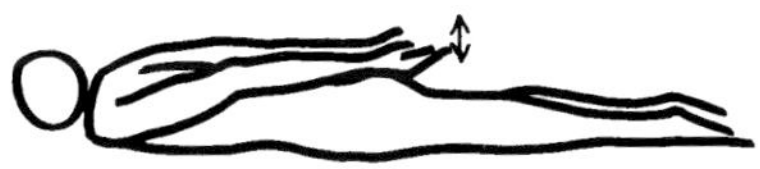

Bis 25 zählen (= 50 Wiederholungen), gestreckte Arme auf dem Po kurz ablegen, den Kopf auf die andere Seite drehen und nochmals bis 25 zählen (= nochmals 50 Wiederholungen).

3. Übung: Strafft oberen Aussenschenkel und unteren Gesässmuskel

Seitlich liegen, den Kopf in die Armbeuge legen oder mit einer Hand aufstützen. Mit der anderen Hand den Hüftknochen berühren.

ACHTUNG: Kein Hohlkreuz machen!

Das untere Bein strecken, das obere Bein parallel zum unteren Bein ca. 10 cm anheben, leicht anwinkeln und, ohne die Hüften zu bewegen, nach innen eindrehen, bis es nicht mehr geht. Die Hand von der Hüfte nehmen und ausstrecken. Po anspannen und das Bein so weit wie möglich in die Nähe der ausgestreckten Hand bewegen. In dieser Position Richtung Hand 2-3 cm hin und zurückbewegen.
Bis 50 zählen (= 100 Wiederholungen).

Wiederholen Sie die Übung auf der anderen Seite.

4. Übung: Strafft Oberschenkel, Po und Hüfte.

Auf den Rücken liegen, Beine leicht öffnen und anwinkeln. Hände auf die Hüftknochen legen. Po anspannen und das Becken so weit anheben, bis es nicht mehr geht. Oben bleiben und 2-3 cm nach oben und unten bewegen.
Bis 30 zählen (= 60 Wiederholungen).

5. Übung: Strafft den Bauch

Gleiche Ausgangsstellung wie Übung 4. Po anspannen und Becken nach oben drücken, ohne es jedoch anzuheben. Bauchmuskeln anspannen, Schultern anheben, auf den Ellbogen abstützen.

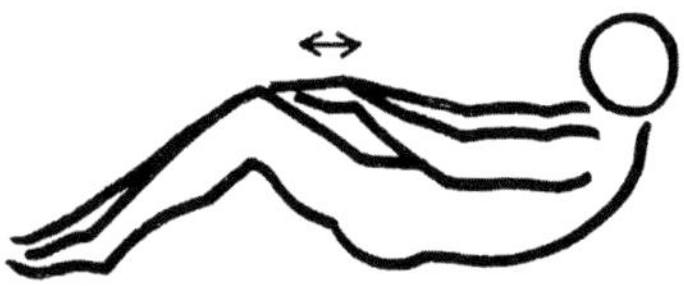

Arme loslassen und in Richtung Knie bewegen. Jetzt 2-3 cm hin und her bewegen – immer mit angespannten Bauchmuskeln.
Bis 50 zählen (=100 Wiederholungen).

6. Übung: Strafft Oberschenkel und unteren Gesässmuskel

Auf dem Bauch liegen, Kopf auf eine Seite legen. Das Bein, das sich auf der Seite Ihrer Kopflage befindet, bleibt ausgestreckt und passiv. Hände an die Hüftknochen, Po anspannen, das Becken Richtung Boden drücken. Nun das andere Bein gestreckt ca. 5 cm anheben und gegen den Widerstand des Beckens 2-3 cm nach oben und unten bewegen.
Bis 50 zählen (=100 Wiederholungen).

Wiederholen Sie die Übung auf der anderen Seite.

7. Übung: Strafft oberen Gesässmuskel

Die Übung fängt gleich an wie die Übung 6. Jedoch wird diesmal das zu bewegende Bein angewinkelt und so hoch wie möglich nach oben bewegt. In dieser Position wiederum 2-3 cm auf und ab bewegen gegen den Widerstand des Beckens, das Sie Richtung Boden drücken.
Bis 50 zählen (=100 Wiederholungen).

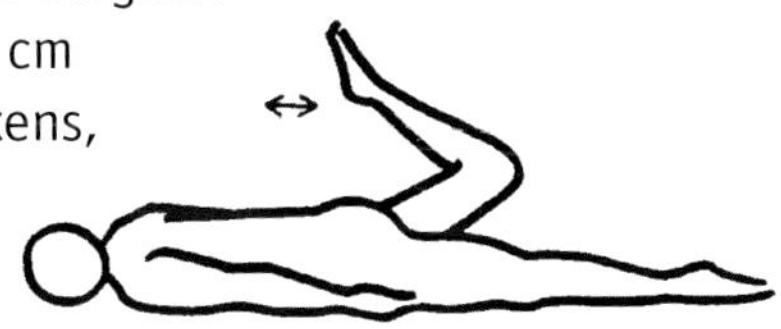

Wiederholen Sie die Übung auf der anderen Seite.

Viel Vergnügen

BodyReset – der Einstieg

Konzentrieren Sie sich in den ersten 2 Wochen auf das Wichtigste.

- Essen Sie die richtigen Lebensmittelkombinationen
- Trinken Sie genügend Wasser und Kräutertees[15]
- Nehmen Sie regelmässig die Mineralstoffe[16] ein
- Machen Sie nach dem Duschen ein Basenpolster
- Cremen Sie nach dem Duschen die von Cellulite betroffenen Stellen ein
- Machen Sie täglich eine zusätzliche basische Entlastungsmassnahme (Fussbad / Vollbad / Sauna mit Basenpolster)

■ Halten Sie ihren normalen Tagesablauf ein, gehen Sie Ihren Hobbys und sportlichen Aktivitäten nach. Der Mensch ist ein Gewohnheitstier – daran scheitern auch die meisten Vorsätze für eine gesündere Lebensweise. ■

Sie machen **keine Diät**. Trotzdem werden Sie abnehmen, weil Sie keine konzentrierten, im Stoffwechsel säurebildenden Kohlenhydrate wie Zucker, Reis, Teigwaren und Brot essen.

Wer bisher keine oder selten eine Diät gemacht hat, wird vom 3. Tag an kontinuierlich abnehmen – ca. 1 bis 3 Pfund pro Woche, je nach Übergewicht.

"Diätgeschädigte" unterliegen in den ersten Tagen dem sogenannten Jo-Jo Effekt. Mit jeder Crashkur versucht Ihr Körper, mit einem Minimum an Energie auszukommen. Kaum essen Sie wieder "normal", bunkert Ihr Körper Reserven in Form von Fettpölsterchen für ihm bereits bekannte, immer wiederkehrende "Notzeiten". Mit **BodyReset** werden Sie anfangs zwar nicht zunehmen, aber der Körper braucht etwa 5 bis 10 Tage, um zu akzeptieren, dass Nahrung, d.h. Energie im Überfluss vorhanden ist. Dann erst lässt er los und verbrennt wieder zu 100%. Und Sie verlieren Ihre Pfunde genau so schnell wie alle anderen!

[15] Bezugsquellennachweis S.104

[16] Bezugsquellennachweis S.104

1. Zur Regulierung des Säure-Basen-Haushalts benötigen Sie[17]

Äusserlich	
Indikatorstäbchen	zur pH-Wert Messung im Urin
Basisches Badesalz	für Basenpolster, Fussbad, Vollbad
Basisches Cellulite-Gel	pflegt und strafft das Gewebe
Basisches Hautpflege-Öl	zur Ganzkörperpflege
Innerlich	
Glaubersalz oder Bittersalz	reinigt die Verdauungswege
Ausleitender und stoffwechselstärkender Tee	stärkt Ausscheidungs- und Entgiftungsorgane
Breitband-Kräutertee	löst alte Celluliteschlacken
Pflanzliches Mineralstoffpräparat	zur Neutralisation gelöster Schlacken und zur Auffüllung der Mineralstoffdepots
Basischer Mineralstoffdrink	zum Puffern von Säuren in den Gewebeflüssigkeiten
Magnetitstein	zur Energetisierung des Trinkwassers
Pflanzliches Multivitaminpräparat	wenn Sie rauchen, da Zigaretten grosse Vitamin- und Mineralstoffräuber sind
3 PET-Trinkflaschen, à 7.5 dl	decken den Flüssigkeitsbedarf pro Tag ab

[17] Bezugsquellennachweis S.104

2. Als Zutaten für die Küche benötigen Sie:

Um langfristig schlank, fit und schlackenfrei zu bleiben, sollten Sie möglichst hochwertige und naturbelassene Produkte zur Zubereitung Ihrer Speisen verwenden.

Diese Produkte brauchen Sie von Anfang an	
Kartoffelmehl	statt Weizenmehl / Maisstärke
Fettfreie Bio-Gemüsebouillon	statt Fleisch u. Hühnerbouillon[18]
Bio-Butter	statt normaler Butter oder Margarine
Bio-Sahne	statt Kaffeerahm, Saucenrahm oder Joghurt
Jod- und fluorfreies Speisesalz oder Meergewürzsalz	statt herkömmlichem Kochsalz
Zuckerfreien Senf	statt normalem Senf

Verwenden Sie nach und nach folgende Produkte	
Biopflanzenöle	statt herkömmlicher Öle und Butterschmalz
Birnendicksaft, Melasse, Wildbienenhonig, Ahornsirup, Stevia, ayurvedischen Kandiszucker, Bio-Fruchtzucker	statt raffiniertem Zucker
Biokräuter frisch oder getrocknet	statt Fertiggewürzmischungen

[18] Rezepte zum Selbermachen, siehe Schaub Kochbuch. Literaturhinweis S. 98

Zuckerfreie Mayonnaise	statt Mayonnaise
Ungesalzene, geschälte Mandeln	statt gesalzene Nüsse
Bio-Wein	statt Wein
Stilles Mineralwasser, Basische Kräutertees, Bio-Traubensaft, Bio-Apfelsaft	statt Limonaden und Colagetränken

Diese Produkte erhalten Sie im Reformhaus, im **Bio**-Laden oder in der **Bio**abteilung der grossen Supermärkte.

Finger weg!

Bitte konsumieren Sie während der Kur...

Keine Halbfertig - oder Fertigprodukte mit chemischen oder synthetischen Zusatzstoffen. Diese Stoffe belasten und blockieren den Stoffwechsel. Informieren Sie sich in Zukunft über die Inhaltsstoffe. Leider enthalten viele Nahrungsmittel vom Gesetz tolerierte Zusatzstoffe, die der Körper nicht brauchen kann.

Keine fertigen Fleisch-, Fisch- und Wursterzeugnisse. Sie enthalten versteckte Fette und unerwünschte Zusatzstoffe!

Keine konzentrierten Kohlenhydrate. An Tagen, an denen Sie konzentrierte Kohlenhydrate essen, bauen Sie keine Cellulite ab!

Keine Limonaden, Colagetränke und Alcopops. Sie enthalten viel Zucker und chemische Zusatzstoffe. Diese Getränke dehydrieren und übersäuern Ihren Organismus und unterstützen dadurch die Entwicklung von Cellulite und Übergewicht. Limonaden mit Alkohol behindern den Fettstoffwechsel und belasten die Entgiftungsorgane.

Das dürfen Sie trinken

Viel stilles Mineralwasser – je mehr Sie trinken, desto reibungsloser funktioniert Ihr Stoffwechsel.

Bio-Trauben- oder Bio-Apfelsaft gemischt mit mind. 50% stillem Mineralwasser.

Basische Gemüsesäfte als Aperitiv.

Tees zur Stärkung der Ausscheidungs- und Stoffwechselorgane. Während der Neutralisationsphase trinken Sie morgens und abends Kräutertees, die in Übereinstimmung mit der Organuhr ihre Körperfunktionen stärken. Denn während des Abbaus haben die Ausscheidungs- und Stoffwechselorgane viel Arbeit zu leisten. Je besser sie funktionieren, desto besser und beschwerdefreier verläuft die anschliessende Entschlackungsphase.

Basische Teekräuter sind u.a.

Salbei
Fenchel
Weissdorn
Löwenzahn
Lindenblüten
Brombeerblüten
Birkenblätter
Brennessel
Thymian
Anis

Breitband – Kräutertee. Seine Anwendung wird erst aktuell, wenn der Säure-Basen-Haushalt ausgeglichen ist. Mit der Lösung alter, eingelagerter Schlacken belasten wir unseren Organismus erst einmal wieder mit dem jetzt reaktivierten Säure-teil, den es neu zu binden gilt. Deshalb muss gleichzeitig mit dem Teetrinken die Dosierung der Mineralstoffe erhöht werden.

Kaffee und Schwarztee
Beides enthält Gerbsäure und entzieht dem Körper Wasser. Während der Kur sollten Sie maximal 2 Tassen am Morgen trinken und, wenn es sein muss, 1 Tasse am Nachmittag. Geben Sie etwas Sahne anstelle von Milch oder Kaffeerahm dazu.
Und trinken Sie immer ein Glas Wasser dazu.
Auch im Restaurant erhalten Sie in der Regel problemlos ein Glas Wasser, Sie müssen nur darum bitten.

Erster Schritt: Neutralisation – Die ersten 14 Tage

Ziel:
- **Säure-Basen-Haushalt regulieren**
- **Stoffwechselfunktionen anregen**
- **Verdauungsorgane regenerieren**

Darm und Verdauungsorgane entlasten

Die ersten 14 Tage sind so konzipiert, dass dem Körper
- wenig Säure
- keine säurebildenden Kohlenhydrate
- keine chemischen und synthetischen Lebensmittelzusatzstoffe zugeführt werden. Alles, was Sie essen, kann praktisch zu 100% verdaut werden. Die Kombinationen sind basenüberschüssig, bilden im Stoffwechsel wenig Abfallprodukte und entlasten Darm und Verdauungsorgane.

Erfahrungsgemäss können die meisten Menschen problemlos 2 bis 4 Wochen auf die schlimmsten Dickmacher und grössten Säurespender verzichten.

Das Ziel des ersten Schrittes erreichen Sie nur, wenn Sie in dieser Zeit basenüberschüssige Mahlzeiten mit einfachen, basischen Kohlenhydraten essen.

Die Ernährungskomponenten

Die Energielieferanten:	Kartoffeln, Bananen, Butter, hochwertige Öle, Sahne, Mandeln
Die Basenlieferanten:	Grüne Blattsalate, alle basischen Gemüse, alle basischen Früchte, pflanzliche Mineralstoffpräparate
Die Eiweisslieferanten:	Tofu, Käse, Eier, Fisch, Huhn, Fleisch

In der Neutralisationsphase entlasten wir unseren Stoffwechsel durch leicht verdauliche, basenüberschüssige, mineralstoffreiche Lebensmittel und Getränke. Unter diesen Bedingungen kann der Körper vorhandene Säuren in den Körperflüssigkeiten ausscheiden. Damit bringen wir uns automatisch wieder ins Säure-Basen-Gleichgewicht.

Mit den empfohlenen Kombinationen vermeiden Sie einen Mineralstoffabbau sowie die Bildung neuer Schlacken und Fettpölsterchen. Gleichzeitig werden die Mineralstoffdepots des Körpers aufgefüllt.

Besorgen Sie sich ein hochwertiges, pflanzliches Mineralstoffpräparat und nehmen Sie die empfohlene Mindestmenge ein. Wenn Sie später mit der Entschlackungsphase beginnen, steigern Sie die Dosierung auf die empfohlene Höchstmenge.
(Siehe auch S. 66)

■ Sie verlieren 2 bis 5 Kilo an den richtigen Stellen. Überschüssige Wasseransammlungen werden ausgeschieden, die Oberschenkel werden schmaler, der Bauch wird flacher. ■

Wenn Sie gerne kochen, sind Ihrer Phantasie und Kreativität keine Grenzen gesetzt. Ich habe für Sie die wichtigsten Grundrezepte[19] zusammengestellt. Sie können Ihre Menüs auch selbst kombinieren oder nach meinen Vorschlägen kochen.

- Essen Sie immer genug. Wo keine Mengenangaben erwähnt sind, essen Sie, bis Sie satt sind. Sie werden durch das Weglassen von konzentrierten Kohlenhydraten trotzdem abnehmen
- Essen Sie nur dann, wenn Sie wirklich Hunger haben
- Sie dürfen die Zwischenmahlzeiten weglassen

Wenn Sie abnehmen wollen, reduzieren Sie den Fettanteil im Abendessen auf ein Minimum oder essen Sie die **Turbo Fett- und Cellulitekiller** "Basensuppe" oder "Bouillon mit Gemüseteller". Die Rezepte finden Sie im Rezeptteil S.96. **Gehen Sie niemals hungrig ins Bett !**

Problem Süssigkeiten

Wenn Sie Schwierigkeiten mit dem Verzicht auf Süssigkeiten haben, empfehle ich Ihnen unbedingt das Kochbuch von Milly Schaub[20]. Darin sind feine Rezepte ohne Mehl und Zucker für Kuchen, Gebäck, Pralinen und Eiscrème. Solange Sie nicht gleichzeitig konzentrierte Kohlenhydrate essen, dürfen Sie ab und zu naschen.

[19] die Rezepte finden Sie im Rezeptteil S.92f

[20] Literaturverzeichnis S.98

Alkohol - nicht zu viel und nicht zu oft

Zählen Sie Wein und Bier zu den sauren Produkten. Und: Alkoholische Getränke müssen immer mit der gleichen Menge Wasser ausgeglichen werden. Alkohol hemmt die Verbrennung von Fett aus der Nahrung – es wird nicht in Energie umgewandelt sondern einfach in die Fettdepots abgeschoben. Deshalb sollten Sie bei Gewichtsproblemen Bier oder Wein nur zu fettarmen, basenüberschüssigen Gerichten geniessen. Während der Kur sollten Sie nicht öfter als zweimal pro Woche 3 dl Bier oder 2 dl Wein trinken. Allgemein liegt die kritische Grenze für Männer bei ca. 1 l Bier oder 5 dl Wein pro Tag, für Frauen bei der Hälfte.

Ein Gläschen in Ehren kann niemand verwehren

Gesunder Darm – Gute Verdauung

Mit einer Bittersalzkur reinigen Sie sanft und schonend Ihren Darm und Ihre Verdauungsorgane. Ich empfehle Ihnen in der ersten Woche die Einnahme alle 2 Tage, in der zweiten Woche alle 3 Tage. Danach nur noch bei Bedarf. Sie können auch Einläufe in den gleichen Abständen machen. Das Zubehör dazu gibt es in der Apotheke oder Drogerie. Wenn diese einfachen Massnahmen nicht genügen, sollten Sie vielleicht eine Colon Hydro Therapie machen lassen.

Viele Menschen leiden aufgrund falscher Essgewohnheiten unter Blähungen und Verstopfung.

Und los geht's: Die 1. Messreihe

Um festzustellen, wie übersäuert Sie sind, müssen Sie am Tag vor Kurbeginn den pH-Wert im Urin messen. Wenn Sie bereits ein Mineralstoffpräparat einnehmen, bitte mindestens 48 Stunden vor der Messung absetzen.

Am Messtag dürfen Sie nur 3 x Essen:
Frühstück-Mittagessen-Abendessen. Basenfluten verhalten sich ähnlich wie Ebbe und Flut. Essen Sie zwischen den Mahlzeiten, kann das Testergebnis verfälscht werden.

In der nachfolgenden Tabelle finden Sie eine Skala und die Zeit für die Messungen. Messen Sie gemäss den Angaben 5x Ihren Urin, indem Sie den Indikatorstreifen während des Urinlassens einige Sekunden in den Strahl halten. Vergleichen Sie die Verfärbung mit der Farbskala und dem dazugehörenden Wert. z.B. 6,5. Machen Sie in der Tabelle nun ein Kreuzchen bei der entsprechenden Zahl und unter der jeweiligen Zeit. Das ergibt am Ende 5 Kreuzchen, die Sie miteinander verbinden. Möchten mehrere Personen wissen, wie der Zustand ihres Säure-Basen-Haushalts ist, nehmen Sie bitte für jede Person eine andere Farbe.

■ Je flacher die Kurve im sauren Bereich verläuft, desto übersäuerter sind sie. ■

Zeit / pH-Wert	6 Uhr 1. Messung nüchtern	9 Uhr 2. Messung 3 Std. nach Frühstück	12 Uhr 3. Messung vor Mittagessen	15 Uhr 4. Messung 2 Std nach Mittagessen	18 Uhr 5. Messung vor Abendessen
4,5					
5					
5,5					
6					
6,5					
7					
7,5					
8					

■ Hier sehen sie die Kurven eines gesunden Säure-Basen-Haushalts. ■

Zeit / pH-Wert	6 Uhr 1. Messung nüchtern	9 Uhr 2. Messung 3 Std. nach Frühstück	12 Uhr 3. Messung vor Mittagessen	15 Uhr 4. Messung 2 Std nach Mittagessen	18 Uhr 5. Messung vor Abendessen
4,5					
5					
5,5					
6					
6,5					
7					
7,5					
8					

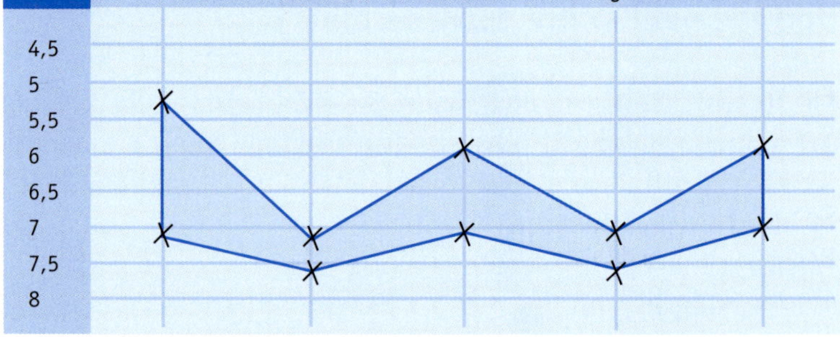

Es macht keinen Sinn, täglich zu messen. Wiederholen Sie den Urintest bitte erst wieder nach den ersten 14 Tagen.

Erlaubte Früchte, Salate und Gemüsesorten

In der Neutralisationsphase sind erlaubt:

Früchte	
Morgens	süsse, reife Äpfel, Birnen, Papaya, frische Feigen
Morgens, Mittags, Abends	Bananen, Honigmelonen, Wassermelonen
Salate	
Nur Mittags	Alle grünen Blattsalate, Gurkensalat
Mittags und Abends	Kartoffelsalat
Gemüse	
Nur Mittags	Weiss- Grün- Rot- und Rosenkohl, Auberginen, Steinpilze, Knollensellerie, Kohlrabi, Chinakohl
Mittags und Abends	Kartoffeln, Avocado, Broccoli, Blumenkohl, Champignons, Karotten, Zucchini

Essen Sie am Morgen hauptsächlich Früchte mit oder ohne Sahne sowie ab und zu ein Ei oder eine Eierspeise
Essen Sie am Mittag hauptsächlich Salat und eine Eiweiss-Speise
Essen Sie am Abend hauptsächlich eine Kartoffelspeise mit einem Gemüse

Nachfolgend finden Sie einen Übersichtsplan mit optimalen Kombinationen für **die Neutralisationsphase.**

Übersichtsplan: Optimale Kombinationen für die Neutralisationsphase und den schnellen Abbau

Woche 1	1. Tag	2. Tag	3. Tag	4. Tag	5. Tag	6. Tag	7. Tag
Frühstück	Frucht mit Sahne	Frucht mit Sahne	Frucht mit Sahne	Frucht mit Sahne	Frucht mit Sahne	Frucht mit Sahne	Frucht Sahne, Ei
2. Frühstück	Frucht	Frucht	Frucht	Frucht	Frucht	Frucht	—
Mittagessen	Salat mit Ei	Salat Käse Kartoffeln	Salat mit Ei	Salat Gemüse Kartoffeln	Salat mit Ei	Salat Käse Kartoffeln	Fleisch Gemüse Kartoffeln
Zwischen-mahlzeit	1 Frucht	1 Frucht	1 Frucht	1 Frucht	1 Frucht	1 Frucht	1 Frucht
Abendessen	Gemüse Kartoffeln	Basen-suppe	Gemüse Kartoffeln	Basen-suppe	Fisch Kartoffeln	Basen-suppe	Gemüse Kartoffeln

Woche 2	8. Tag	9. Tag	10. Tag	11. Tag	12. Tag	13. Tag	14. Tag
Frühstück	Frucht mit Sahne	Frucht mit Sahne	Ei mit Sahne	Frucht mit Sahne	Frucht mit Sahne	Frucht mit Käse	Ei, Sahne Frucht
2. Frühstück	Frucht	Frucht	Frucht	Frucht	Frucht	Frucht	—
Mittagessen	Salat mit Huhn	Salat mit Ei	Salat Gemüse Kartoffeln	Salat Käse	Salat Fisch	Salat mit Ei	Fleisch Gemüse Kartoffeln
Zwischen-mahlzeit	1 Frucht	1 Frucht	1 Frucht	1 Frucht	1 Frucht	1 Frucht	1 Frucht
Abendessen	Basen-suppe	Fisch Kartoffeln	Basen-suppe	Ei, Sahne Gemüse	Basen-suppe	Gemüse Kartoffeln	Gemüse Kartoffeln

Früchte immer schälen und entkernen. Gemüse immer kochen. Möglichst immer **Bio-Produkte** verwenden.

Essen Sie sich satt: Frühstücksvarianten

Frucht und Sahne	Frucht klein schneiden und mit 4 EL Sahne vermischen. Nach Belieben eine Banane dazu geben, nach Geschmack mit Mandelplättchen garnieren.
Frucht und Käse	Milder Käse mit einer Fruchtsorte nach Wahl. Nach Belieben eine Banane und/oder einige Mandeln dazu essen.
Frucht und gekochtes Ei	Zuerst das Ei essen, dann die Frucht. Nach Belieben eine Banane und/oder einige Mandeln dazu essen.
Frucht, Ei und Sahne (Omelette mit Frucht)	Pro Person 1 Ei, 3 EL Sahne, 1 Prise Salz verrühren. In einigen Tropfen Öl eine Omelette braten. Kleingeschnittene, in wenig Butter gedünstete Bananen-, Birnen- oder Apfelstückchen drauf geben. Nach Belieben etwas Zimt darüber streuen oder mit etwas Honig süssen.
Ei und Sahne (Rührei)	Pro Person 2 kleine Eier, 6 EL Sahne 1 Prise Salz verrühren. Etwas Butter in der Pfanne schmelzen und die Eimasse unter Rühren erhitzen, bis sie stockt. Nach Belieben mit frischen Kräutern würzen.

Essen Sie zum Frühstück und zum 2. Frühstück die gleiche Frucht. Sie können wählen:
1 Apfel oder
1 Birne oder
1/2 Melone oder
1 Papaya oder
2 frische Feigen.

Nach Belieben zusätzlich eine Banane. Um die Verdaungswege zu schonen: Alle Früchte immer schälen und entkernen.

Detaillierte Menüpläne

Können beliebig oft wiederholt werden.

Woche 1	1. Tag	2. Tag	3. Tag	4. Tag	5. Tag	6. Tag	7. Tag
Frühstück	1 Birne 1 Banane 4 ELSahne	1 Apfel 4 EL Sahne	½ Melone 4 EL Sahne	1 Birne 4 EL Sahne	1 Papaya 4 EL Sahne	3 frische Feigen 4 EL Sahne	Apfel-omelette
2. Frühstück	1 kl.Birne	1 kl. Apfel	½ Melone	1 kl.Birne	1 kl.Papaya	2 fr.Feigen	—
Mittagessen	Feldsalat mit 1-2 Eiern	Lollosalat Pellkartoffeln, verschiedene Käse	Eisbergsalat mit 1-2 Eiern	Kopfsalat Pilzragout Rösti	Gurkensalat mit 1-2 Eiern	Endiviensalat, Raclett-Käse mit Pellkartoffeln	Rindsfilet Kräuterbutter Karotten Ofenfrites
Zwischen-mahlzeit	1 Banane	1 Banane	1 Banane	1 Banane	1 Banane	1 Banane	1 Banane
Abendessen	Zucchini-Kartoffel-auflauf	Basen-suppe	Blumenkohl, Bratkartoffeln	Basen-suppe	Fischfilet Rahmsauce Petersilien-kartoffeln	Basen-suppe	Brokkoli mit Mandel-plättchen Salz-kartoffeln

Woche 2	8. Tag	9. Tag	10. Tag	11. Tag	12. Tag	13. Tag	14. Tag
Frühstück	1 Birne 4 EL Sahne	1 Apfel 4 EL Sahne	Rührei nature	½ Melone 4 EL Sahne	1 Papaya 4 EL Sahne	1 Apfel Doppel rahmkäse	Birnen-omelette
2. Frühstück	1 kl.Birne	1 kl. Apfel	2 fr.Feigen	½ Melone	1 kl.Papaya	1 kl. Apfel	—
Mittagessen	grüner Blattsalat gebratene Hühner-brust	Feldsalat mit 1-2 Eiern	Auberginen-gemüse, Rösti	Kopfsalat Käsesalat	Eisberg-salat Thunfisch	Gurken-salat mit 1-2 Eiern	Rumpsteak mit Stein-pilzsauce Broccoli Kroketten
Zwischen-mahlzeit	1 Banane	1 Banane	1 Banane	1 Banane	1 Banane	1 Banane	1 Banane
Abendessen	Basen-suppe	Forelle blau Butter-Petersilien-kartoffeln	Basen-suppe	Champig-non–Omelette	Basen-suppe	Zucchini und Karotten Baked Potatoes	Schwarz-wurzeln Rosmarin-kartoffeln

Früchte immer schälen und entkernen. Gemüse immer kochen.
Wann immer im Angebot **Bio-Produkte** einkaufen.

Ein wichtiger Teil von **Body Reset** ist die richtige Ernährung. Um schneller ans Ziel zu kommen sollten Sie unbedingt begleitend dazu folgende Entlastungsmassnahmen machen.

Entlastungsmassnahmen Neutralisationsphase

Jeden Morgen direkt nach dem Aufstehen
3 dl warmes Wasser trinken. In der ersten Woche jeden 2 Tag, in der zweiten Woche jeden 3. Tag mit Bittersalz.

Jeden Morgen nach dem Duschen
Basenpolster machen und anschliessend den Körper mit Cellulite-Gel und Hautfunktionsöl pflegen.

3 x täglich ca. 1/2 Stunde vor den Mahlzeiten
Pflanzliche Mineralstoffe mit reichlich stillem Wasser trinken.

Im Verlauf des Vormittags
2 Tassen ausscheidungsfördernden Tee trinken.

Zusätzlich im Verlaufe des Tages
(nie direkt mit den Mahlzeiten) insgesamt mindestens 2 Ltr. Flüssigkeit trinken.

Am späten Nachmittag
und/oder abends 2-3 Tassen stoffwechselstärkenden Tee trinken.

Möglichst jeden Abend
eine zusätzliche basische Entlastungsmassnahme (Fussbad/Vollbad/Sauna).

Vor dem Zubettgehen
einen basischen Mineralstoffdrink nehmen.

Täglich mindestens 20 Minuten
Bewegungsprogramm mit Tiefenatmung.

Nach 14 Tagen: Die 2. Messreihe

Bin ich noch übersäuert ?

Nach den ersten 14 Tagen legen Sie bitte wieder einen Messtag ein und vergleichen Sie das Ergebnis mit der ersten Messung auf Seite 56.

Achtung: An diesem Tag sollten Sie wiederum nur **3 x essen** und **keine Basendrinks** oder Mineralstoffe einnehmen, damit das Messergebnis nicht verfälscht wird.

Nur wenn die 2. und 4. Messung im basischen Bereich liegt, funktioniert Ihr Säure-Basen-Stoffwechsel wieder normal.

Wenn dies nicht der Fall ist, wiederholen Sie bitte die ersten sieben Tage der **BodyReset** Kur und messen nochmals.

Der Morgenurin (1. Messung) kann und darf im sauren Bereich liegen. Denn nachts baut der Körper am meisten Säure ab und die Leber entledigt sich ihrer sauren Abfälle. Die 3. und 5. Messung variiert und liegt zwischen leicht sauer und leicht basisch.

Die 2. und 4. Messung **muss** im basischen Bereich liegen. (ab pH-Wert 7.4). Wenn nicht, wiederholen Sie die erste Kur-Woche und messen nochmals. Sollten die Werte dann immer noch nicht stimmen, wiederholen Sie auch die zweite Woche. Nach vier Wochen stimmen die Werte, auch wenn Sie stark übersäuert sind.

Ganz wichtig:
Erst wenn Ihr Säure-Basen-Haushalt ausgeglichen ist, dürfen Sie den zweiten Schritt "Cellulite abbauen" tun !

Zweiter Schritt: Cellulite abbauen

Ziel: Lösen und Ausscheiden von bereits deponierten Cellulite-Schlacken.

Gratuliere! Sie haben den ersten Schritt, die Neutralisationsphase erfolgreich abgeschlossen - Ihr Säure-Basen-Haushalt ist ausgeglichen. Damit haben Sie die Grundvoraussetzung dafür geschaffen, dass ihr Körper alte Schlackendepots abbaut.

Ohne zu Hungern haben Sie einige Pfunde verloren, der Bauch ist flacher, die Hosen um den Po spannen nicht mehr, die Verdauung funktioniert optimal.

Sie fühlen sich vitaler und leichter. **Bravo!** Mit einem Minimum an Verzicht und Aufwand haben Sie viele positive Veränderungen bewirkt – und das ist erst der Anfang.

Nun beginnt der eigentliche Abbau von Cellulite. Sie können zwischen 2 Varianten wählen – einem **schnellen Abbau** und einem **langsamen Abbau.**

In der Praxis habe ich immer wieder die Erfahrung gemacht, dass Sie den **grössten** Erfolg haben, wenn Sie den **schnellen Abbau** wählen und in den ersten 6-8 Wochen alle konzentrierten Kohlenhydrate weglassen.

Beim **langsamen Abbau** dürfen sie max. jeden 3. Tag eine konzentrierte Kohlenhydratspeise essen, aber bitte nicht mehr. Denn an Tagen, an denen Sie konzentrierte Kohlenhydrate essen, bauen Sie keine Cellulite ab.

Ich empfehle fast allen meinen KundInnen den schnellen Abbau. Auf den langsamen Abbau können Sie nach 6-8 Wochen umschalten, wenn sie langfristig abnehmen wollen oder auf Brot und Teigwaren nicht länger verzichten möchten.

Die Abbauphase enthält 2 zusätzliche Komponenten:
- einen Breitband-Kräutertee zum Lösen von Schlacken
- eine höhere Mineralstoffdosierung zum Abpuffern gelöster Schlacken

Die reaktivierte Säure muss neu wieder mit einem Basenteil gebunden werden. Der Mineralstoff aus dem Basenrest ist ja bei der ersten Neutralisation verbraucht worden.

Deshalb erhöhen wir mit der Teemenge auch immer die Dosierung der Mineralstoffe.

Schlackenlöser Breitband - Kräutertee

Je nach Ergebnis der 2. Messreihe fangen Sie ab der dritten, vierten oder fünften Woche damit an, den Entschlackungstee zu trinken. Und zwar hauptsächlich am Vormittag und am frühen Nachmittag. Morgens trinken Sie weiterhin den Ausscheidungs- und abends den Stoffwechseltee.

Der Entschlackungstee kann alte, abgelagerte Schlacken lösen und aus ihrem Dauerparkplatz holen. Aber sie können nicht einfach ausgeschieden werden. Das Neutralisationssalz bricht zuerst wieder in seine ursprüngliche Form auf, in den Säureteil und in den Basenrest. Unser Organismus wird also vorübergehend wieder mit Säure belastet. Deshalb ist es so wichtig, alle Massnahmen gleichzeitig einzuhalten, sonst funktioniert der Abbau nicht.

Wir tragen unsere Cellulite buchstäblich zur Toilette und spülen sie runter !

Beginnen Sie am ersten Tag mit 1 Tasse Entschlackungstee am Vormittag und erhöhen gleichzeitig die Mineralstoffdosis. Am 2. Tag trinken Sie 2 Tassen Tee. Am 3.Tag trinken Sie 3 Tassen Tee. Am 4.Tag trinken Sie über den Tag verteilt 4 Tassen Tee. Am 5.Tag 5 Tassen. Ab dem 6. Tag 6 Tassen, sodass Sie, die anderen beiden Kräutertees dazugerechnet, beim Maximum von ca. 1.5 bis 2 Liter Kräutertee pro Tag angelangt sind.

Trinken Sie unbedingt die gleiche Menge Wasser im Laufe des Tages!

Diese Höchstmenge trinken Sie mindestens 4 Wochen lang.

Wichtig: Sollten Sie Schmerzen oder Unwohlsein verspüren, trinken Sie ein grosses Glas Mineralwasser und lassen das Teetrinken für einen Tag. Diese Beschwerden können durch gelöste, wandernde Säuren verursacht werden. Gehen Sie am nächsten Tag zur Menge des letzten Tages zurück, an dem Sie keine Beschwerden hatten.

Wenn sich zu viele Schlacken und Säuren auf einmal lösen, können Schmerzen und Unwohlsein auftreten. Deshalb ist es sehr wichtig, gleichzeitig mit dem Tee die gleiche Menge Wasser zu trinken und die Mineralstoffe konsequent einzunehmen.

Säurebinder Mineralstoff

Parallel zur Teemenge erhöhen Sie die Zufuhr von Mineralstoffen in Form eines zusätzlichen basischen Mineralstoffdrinks am Morgen und des pflanzlichen Mineralstoffpräparats auf die empfohlene Höchstdosierung, 3 x täglich 20-30 Minuten vor dem Essen.

Zusätzliche Mineralstoffe sind während der Entschlackungsphase absolut notwendig – sowohl in Tabletten- als auch in Pulverform. Bei Ödemen, Besenreisern und Haarverlust empfiehlt es sich, zusätzlich ein hochwertiges, pflanzliches Multivitamin-Präparat über einige Monate einzunehmen. Mineralstofftabletten oder Mineralstoffdrink immer spätestens 20 bis 30 Minuten **vor** dem Essen – **nicht nach dem Essen einnehmen**! Denn sonst verdünnen Sie die Magensäure und stören die Verdauung! Wenn Sie es einmal vergessen, nehmen Sie die Mineralstoffe frühestens 2 Stunden nach der Mahlzeit ein.

Den Entschlackungstee dürfen Sie bis zu 3 Monate lang in der höchsten Dosierung trinken. Spätestens nach dieser Zeit reduzieren Sie die Tee- und Mineralstoffmenge so wie sie sie aufgebaut haben. Wenn Sie gerne Tee trinken, nehmen Sie normale, basische Sorten. Je eine Tasse Ausscheidungstee am Morgen und eine Tasse Stoffwechseltee am Abend sollten Sie weiterhin trinken.

■ Mein Ratschlag: Verzichten Sie auch in den nächsten 14 Tagen auf konzentrierte Kohlenhydrate. Warum? Nur an Tagen, an denen Sie keine konzentrierten Kohlenhydrate essen findet ein Abbau von Cellulite statt. Oder einfacher ausgedrückt: Je genauer Sie die Anweisungen einhalten, desto schneller kommen Sie zum Ziel. ■

Teemenge, Wasser und Mineralstoffe richtig erhöhen

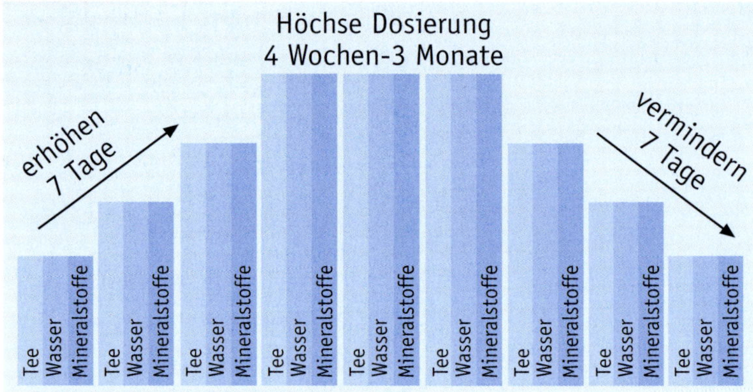

Variante 1:
Cellulite schnell abbauen

...durch Verzicht auf konzentrierte Kohlenhydrate

Durch den Abbau der Schlackendepots wird Ihr Stoffwechsel stark belastet. Belasten Sie Ihren Körper nicht noch zusätzlich mit säurebildenden, konzentrierten Kohlenhydraten.

Für Abwechslung im Speiseplan sorgt eine grössere Auswahl an Salaten, Gemüsen und Früchten. Die neuen Obst-, Salat- und Gemüsesorten empfehle ich erst jetzt, weil sie teilweise Oxalsäure enthalten oder sauer verstoffwechselt werden. Gleichzeitig enthalten sie aber auch wertvolle Vitamine und Mineralstoffe.

Kombinieren Sie gleich wie im Übersichtsplan "Optimale Kombinationen..." auf Seite 58.

Einzig die "Basensuppe" kann nach Belieben durch ein Kartoffel/Gemüsegericht ersetzt werden.

Zusätzlich erlaubte Frucht-, Salat- und Gemüsesorten

Früchte	
Morgens	Mango, reife Ananas, Himbeeren,Erdbeeren, Heidelbeeren, Weintrauben, Aprikosen, Zwetschgen, Pflaumen, Mirabellen
Morgens und Mittags	süsse reife Äpfel, Birnen, Papaya
Salate	
Mittags	Chicorée, Tomaten, Rettich, Rote Beete
Gemüse	
Mittags	Spinat, Peperoni, Spargel, Sauerkraut, Portulak, Mangold
Mittags und Abends	Schwarzwurzeln, Bohnen, alle Pilzsorten

Frühstück: Neue Variationsmöglichkeiten

- Kombinieren Sie die jetzt erlaubten Früchte mit Sahne, Käse oder Ei
- Das Rührei können Sie auch mal mit Schinken oder Speck essen
- als Zwischenmahlzeit können Sie eine Frucht nach Belieben essen

Dieses Buch will kein Kochbuch sein. Vielmehr möchte ich Ihnen zeigen, wie Sie mit den richtigen Kombinationen und Zutaten schlank, fit und cellulitefrei werden und bleiben.

Nebenstehend 14 Menüvorschläge. Sie können die Menüs wahlweise mittags oder abends essen. Am Mittag dürfen Sie einen Salat dazu essen, am Abend bitte nicht, das würde Ihre Verdauungsorgane zu stark belasten.

Menüvorschläge: 14 leckere Mittag- und Abendessen für den schnellen Abbau

	Als Mittagessen	Als Abendessen
1.	Tomatensalat **Rösti mit 2 Spiegeleiern**	**Rösti mit 1 Spiegelei**
2.	Chicoréesalat **Champignon-Omelette**	**Champignon-Omelette**
3.	Rucolasalat **Fischfilet mit Estragon - Rahmsauce Butter-Petersilienkartoffeln Spinat**	**Fischfilet mit Estragon-Rahmsauce Butter-Petersilienkartoffeln Broccoli**
4.	Tomaten-Mozzarella-Salat mit Basilikum, Olivenöl und etwas Balsamicoessig, **Flädlesuppe aus Omelettenteig**	**Flädlesuppe aus Omelettenteig**
5.	Lollosalat **Rindsfilet an Morchelsauce Kroketten, Schwarzwurzeln**	**Rindsfilet an Morchelsauce Kroketten, Schwarzwurzeln**
6.	Grüner Blattsalatteller **Gebratenes Hühnerbrustfilet mit Bratkartoffeln**	**Gebratenes Hühnerbrustfilet mit Bratkartoffeln**
7.	Rettichsalat **Pellkartoffeln mit verschiedenen Käsen**	**Pellkartoffeln mit verschiedenen Käsen**
8.	Kopfsalat **Rührei mit Zwiebeln und Tomaten**	**Rührei mit etwas Zwiebeln und Tomaten**
9.	Endiviensalat **Kalbsgulasch, Kartoffelbrei, Petersilienkarotten**	**Kalbsgulasch, Kartoffelbrei, Petersilienkarotten**
10.	**In Ei gebackene Auberginenscheiben überbackener Blumenkohl**	**In Ei gebackene Auberginenscheiben wenig Blumenkohl**
11.	Gurkensalat **Fischfilet an Dillrahmsauce Kartoffelgratin, Zucchini**	**Fischfilet an Dillrahmsauce Kartoffelgratin, Zucchini**
12.	Tomatensalat, **Raclette**	**Raclette**
13.	Eisbergsalat **Pilzragout mit Rösti und Broccoli**	**Pilzragout mit Rösti und Broccoli**
14.	Kopfsalat **Heisser Beinschinken mit Senf Kartoffelsalat**	**Heisser Beinschinken mit Senf Kartoffelsalat**

In der Abbauphase sollten Sie die Entlastungsmassnahmen unbedingt fortsetzen.

Entlastungsmassnahmen Abbauphase

Jeden Morgen direkt nach dem Aufstehen
3 dl warmes Wasser trinken.

Zusätzlich am Morgen basischer Mineralstoffdrink.

Jeden Morgen nach dem Duschen
Basenpolster machen und anschliessend den Körper mit Cellulite-Gel und Hautfunktionsöl pflegen.

3 x täglich ca. 1/2 Stunde vor den Mahlzeiten
pflanzliche Mineralstoffe mit reichlich stillem Wasser trinken, **täglich bis zur Höchstdosierung steigern.**

Im Verlauf des Vormittags
2 Tassen ausscheidungsfördernden Tee trinken.

Im Verlauf des Vormittags den Breitband-Entschlackungstee trinken. Mit einer Tasse anfangen und täglich steigern.

Zusätzlich im Verlaufe des Tages
(nie direkt mit den Mahlzeiten) insgesamt mindestens 2 Ltr. Flüssigkeit trinken.

Am späten Nachmittag und/oder abends
2-3 Tassen stoffwechselstärkenden Tee trinken.

Möglichst jeden Abend
eine zusätzliche basische Entlastungsmassnahme. (Fussbad/Vollbad/Sauna)

Vor dem Zubettgehen
einen basischen Mineralstoffdrink nehmen.

Täglich mindestens 20 Minuten
Bewegungsprogramm mit Tiefenatmung.

Mit den empfohlenen Massnahmen können Sie so lange Cellulite abbauen, bis Sie mit Ihrer Figur zufrieden sind.

Zusätzlich:
Höhere Mineralstoffdosierung

Zusätzlich:
Breitband-Entschlackungstee

Variante 2
Cellulite langsam abbauen

...wenn Sie auf konzentrierte Kohlenhydrate nicht ganz verzichten wollen

Dieser Kombinationsplan ist für Menschen gedacht, denen es schwerfällt, über einen längeren Zeitraum auf konzentrierte Kohlenhydrate wie Brot, Teigwaren und Reis ganz zu verzichten.

Viele Menschen haben gesundheitliche Probleme, weil Sie seit Jahren die falschen Lebensmittel essen – unbewusst und im Glauben, besonders gesund zu leben. Achten Sie nach dem Konsum einer Kohlenhydratspeise auf Ihr Befinden. Wenn Sie 2 bis 3 Stunden später Zahnfleischschmerzen, geschwollene Hand oder Fussgelenke, Gelenkschmerzen, Blähungen, Sodbrennen oder Verstopfung bekommen, wissen Sie, was die **Ursache** ist! Ein Rheumatiker z.B. kann nach dem Genuss von Brot oder Teigwaren einen Schmerzschub bekommen.

Beim Entschlackungsprogramm "Cellulite langsam abbauen" nehmen Sie ab und zu Brot, Reis oder Teigwaren in der richtigen Kombination in Ihre Tagespläne auf.

← Kombination möglich →		← Kombination möglich →
S Brot	B Gemüse	B Früchte süss
S Getreideprodukte	B Salate (wenig Sauce)	S Fleisch (fett)
S Reis	B Kartoffeln	S Fisch (fett)
S Teigwaren	B Bananen	S Käse
B Mais	S mageres Fleisch	S Eier
	S magerer Fisch	B Sahne
	S Magerquark	N Öl
		N Butter
		B Mandeln
Kombination nicht möglich (links ↔ rechts)		

S = Sauer B = Basisch N = Neutral

So kombinieren Sie richtig

Wenn Sie konzentrierte Kohlenhydrate essen – bitte immer mit 2/3 basischem Gemüse kombinieren. Essen Sie zu diesen Mahlzeiten keine Früchte mit Ausnahme von Bananen. Konzentrierte Kohlenhydrate und Fleisch oder Fisch sollten zusammen nicht mehr als 1/3 der Mahlzeit ausmachen, dazu 2/3 basisches Gemüse.

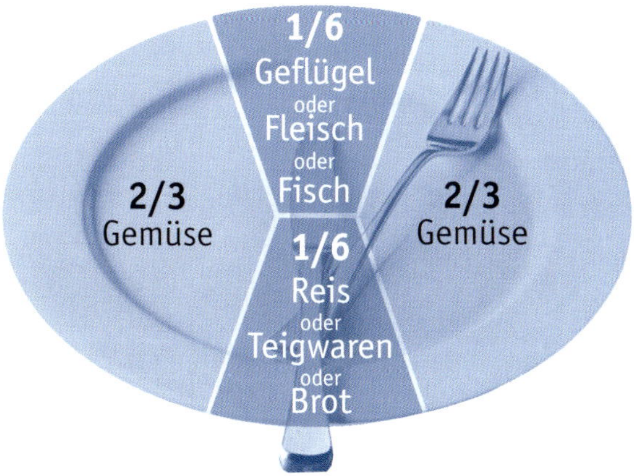

Essen Sie konzentrierte Kohlenhydrate mit Fleisch oder Fisch hauptsächlich am Mittag. Um die Verdauungsorgane zu entlasten, sollten Sie abends Teigwaren oder Reis nur mit Gemüsen oder Gemüsesauce essen.

Mit konzentrierten Kohlenhydraten können Sie nur dann abnehmen, **wenn Sie nicht gleichzeitig Fett essen**!

Mit konzentrierten Kohlenhydraten in der richtigen Kombination vermeiden Sie Cellulite, es reicht aber nicht für einen Abbau.

Übersichtsplan: Optimale Kombinationen für den langsamen Abbau

	1. Tag	2. Tag	3. Tag	4. Tag	5. Tag	6. Tag	7. Tag
Frühstück	Frucht mit Sahne	Frucht mit Käse	Frucht mit Sahne	Frucht mit Sahne	Ei mit Sahne	Frucht mit Sahne	**Brot** Frühstück
2. Frühstück	Frucht	Frucht	Frucht	Frucht	Frucht	Frucht	—
Mittagessen	**Reis oder Teigwaren** Huhn oder Fisch 2 Gemüse	Salat mit Kartoffeln	Salat mit Ei	**Reis oder Teigwaren** Huhn oder Fisch 2 Gemüse	Salat mit Huhn	Salat mit Ei	Salat Gemüse Kartoffeln
Zwischenmahlzeit	—	1 Frucht	1 Frucht	—	1 Frucht	1 Frucht	1 Frucht
Abendessen	Basensuppe	Ei/Sahne Gemüse	Käse Kartoffeln	Basensuppe	Gemüse Kartoffeln	Gemüse Kartoffeln	Fisch Kartoffeln Gemüse

	8. Tag	9. Tag	10. Tag	11. Tag	12. Tag	13. Tag	14. Tag
Frühstück	Frucht mit Sahne	Frucht mit Käse	Frucht mit Sahne	Frucht mit Sahne	Ei, Sahne Schinken	Frucht und Käse	Ei, Sahne Frucht
2. Frühstück	Frucht	Frucht	Frucht	Frucht	Frucht	Frucht	Frucht
Mittagessen	Salat Kartoffeln Gemüse	Salat mit Huhn	Salat mit Käse	Salat Fisch und Kartoffeln	Salat Kartoffeln Gemüse	Salat mit Ei	Salat Gemüse Kartoffeln
Zwischenmahlzeit	1 Frucht	1 Frucht	1 Frucht	1 Frucht	1 Frucht	1 Frucht	1 Frucht
Abendessen	Ei/Sahne Gemüse	Gemüse Kartoffeln	**Teigwaren oder Reis** m. Gemüse	Käse Kartoffeln	Huhn Gemüse	**Teigwaren oder Reis** m. Gemüse	Fleisch Kartoffeln Gemüse

Die Grenzen des Machbaren

Je älter Sie und Ihre Probleme sind, desto länger dauert die Entsäuerung und Remineralisierung und die Rückbildung der seit Jahren vergrösserten Zellen. Überdehntes Gewebe bildet sich nicht mehr komplett zurück. Dank ihrer neuen Ernährungsform mit genügend Mineralstoffen und Wasser werden jedoch die neugebildeten Zellen optimal ernährt.

Für genügend Sauerstoff in den Zellen und Organen sorgt ein täglicher Spaziergang von 20 Minuten mit bewusster Tiefenatmung.

Eine massive Verbesserung und Straffung des Bindegewebes erreichen Sie durch regelmässige, tägliche Pflege mit den geeigneten Heimprodukten sowie durch beigleitende Körperbehandlungen im Kosmetikinstitut.

Ganz wichtig ist ein mässiges, aber regelmässiges Muskelaufbautraining mit bewusster Tiefenatmung, wie z.B. das **BodyReset** Fitprogramm.

Spezialfall Krampfadern, Besenreiser und Haarverlust

Krampfadern, Besenreiser und Haarverlust sind Anzeichen langjähriger Übersäuerung und damit verbundener Entmineralisierung. Sie sollten deshalb über einen Zeitraum von mindestens 7 Monaten folgende Massnahmen einhalten:

- Kohlenhydratarme, mineralstoffreiche Lebensmittel
- tägliches Basenpolster nach dem Duschen
- Höchstdosierung an Mineralstoffen beibehalten

Wenn Sie vorübergehend unangenehmen Körpergeruch haben, empfehle ich Ihnen morgens die Einnahme von Blattgründragees.

Wie lange sollen Sie lösen und entschlacken ?

Solange Sie am Morgen eine belegte Zunge haben. Sie beschleunigen den Entschlackungsprozess, wenn Sie alle empfohlenen Massnahmen gleichzeitig einhalten.

Dritter Schritt: Stabilisieren

Ziel: Frei von Cellulite in der Säure-Basen-Balance leben

Sie entscheiden jeden Morgen: Füttere ich meine Cellulite oder vermeide ich sie?

Theoretisch wären die bisher empfohlenen Nahrungsmittelkombinationen die ideale Ernährung schlechthin.

In der Praxis funktioniert dies allerdings nur eine gewisse Zeit lang. Wer den Geschmack von Schokolade und Kuchen kennt, von frischgebackenem Brot, von prickelndem Champagner und wunderbarem Rotwein, von köstlichen Nudelgerichten und fernöstlichen Reisspezialitäten, müsste ein Leben lang leiden und permanent auf etwas verzichten.

Um langfristig gesund, fit und schlank zu bleiben, sollte **nicht mehr als jede 4. Mahlzeit konzentrierte Kohlenhydrate enthalten.** Weniger ist immer gut. Vergessen Sie nicht das Verhältnis 70% Basen zu 30% Säuren.

Wenn Sie die Grundprinzipien verstanden haben, können Sie alles essen und trinken. Aber in einem Mengen- und Mischverhältnis, das den Bedürfnissen Ihres Körpers entspricht. Sie werden merken, dass dies einfacher geht als Sie denken.

Betrachten Sie die **BodyReset** Kur als eine Rückkehr zum gesunden Mittelmass und zu einem ausgeglichenen Säure-Basen-Haushalt.

Im täglichen Leben gibt es immer wieder Situationen, in denen man sich sein Essen nicht aussuchen kann. Es gibt Einladungen, Bankette, Geschäfts- oder Feiertagsessen. Den Konsum von zu vielen säure- und kohlenhydratreichen Speisen und alkoholischen Getränken sollten Sie immer möglichst mit der nächsten Mahlzeit wieder ausgleichen.

Teilweise ausgleichen können Sie vorbeugend, indem Sie zusätzlich Mineralstoffe zu sich nehmen in Form eines Mineralstoffdrinks oder von Mineralstofftabletten. Damit geben Sie ein Mineralstoffdepot in den Dünndarm, der Körper muss keine eigenen Reserven zur Säureneutralisation verbrauchen und es werden keine neuen Schlacken gebildet. Der beste Ausgleich ist natürlich, wenn die nachfolgende Mahlzeit basenüberschüssig ist oder nur aus der "Basensuppe" besteht.

Allgemeine Ernährungshinweise

Bitte denken Sie daran:
- Fett und konzentrierte Kohlenhydrate zusammen produzieren Übergewicht
- Säurebildende, konzentrierte Kohlenhydrate ohne Basen produzieren Cellulite

Und so ernähren Sie sich dauerhaft richtig:
- **Am Morgen** dürfen Sie sich satt essen.

- **Am Mittag** Brot, Teigwaren und Reis hauptsächlich **mit Eiweiss-Speisen kombinieren** – 2/3 Salat und/oder Gemüse dazu.

- **Am Abend** Brot, Teigwaren und Reis vorwiegend mit **Gemüse, Gemüsesuppe oder Gemüsesauce** kombinieren.

- **Am Abend** Eiweiss mit Kartoffeln und/oder Gemüse kombinieren.

- Sie brauchen täglich ca. 1 gr. Eiweiss pro kg Körpergewicht: Tofu-Käse-Eier-Fisch-Geflügel-Fleisch-Hülsenfrüchte-Nüsse

- In Restaurant, Kantine, oder Schnellimbiss wissen Sie nicht, wieviel verstecktes Fett die Mahlzeit enthält. Ein Mittagessen können Sie am Abend ausgleichen.

- Ein Abendessen können Sie **nicht** mehr ausgleichen. Wenn es sich nicht vermeiden lässt, schalten Sie am anderen Tag einen basenüberschüssigen Tag aus der Neutralisationsphase ein.

Sie dürfen nach der Kur, deren Länge Sie selbst bestimmen, weiterhin alles essen und trinken, aber in einem Mengen- und Mischverhältnis, das dem Bedürfnis Ihres Stoffwechsels entspricht.

Verträglichkeitsplan Kohlenhydrate

Erfahrungsgemäss bleiben Sie in der Säure-Basen-Balance wenn nicht mehr als jede 4. Mahlzeit konzentrierte Kohlenhydrate enthält.

	1. Tag	2. Tag	3. Tag	4. Tag	5. Tag	6. Tag	7. Tag
Frühstück	**Brot**	Frucht mit Sahne	Frucht mit Sahne	Frucht mit Käse	**Brot**	Frucht mit Sahne	Ei, Sahne Fleisch
2. Frühstück	Frucht	Frucht	Frucht	**Brot**	Frucht	Frucht	Frucht
Mittagessen	Salat Fisch Kartoffeln Gemüse	Salat Kartoffeln Gemüse	Salat Huhn **Reis** Gemüse	Salat Kartoffeln Gemüse	Salat Fleisch Kartoffeln Gemüse	Salat Ei	Salat Fisch **Reis** Gemüse
Zwischen-mahlzeit	Frucht	**Brot**	Frucht	Frucht	Frucht	**Brot**	Frucht
Abendessen	**Teigwaren** Gemüse	Käse Kartoffeln	Gemüse Kartoffeln	Ei/Sahne Gemüse	**Teigwaren** Gemüse	Ei/Sahne Gemüse	Gemüse Kartoffeln

Ihre eigene Verträglichkeitsgrenze herausfinden

So unterschiedlich Menschen in ihrem äusseren Erscheinungsbild sind, so unterschiedlich funktioniert auch der individuelle Stoffwechsel. Wieviel und in welchem Abstand Sie säurebildende, konzentrierte Kohlenhydrate ohne gesundheitliche Probleme, ohne Gewichtszunahme und ohne Neubildung von Cellulite vertragen, müssen Sie selbst herausfinden.

Jede Kosmetikerin ist bestrebt, Ihren Kundinnen und Kunden die besten Behandlungen mit guten und wirksamen Produkten anzubieten.

Neben Kräutertees, basischem Badesalz, Mineralstoffpräparaten und basischen Hautpflegeprodukten finden Sie im Kosmetikinstitut verschiedene professionelle Behandlungsmethoden.

Bei Cellulite wirken gezielte Behandlungen langfristig immer nur in Kombination mit der richtigen Ernährung und Hautpflege zu Hause.

■ Niemand löst ein Problem, das von innen aufgebaut wurde, nur von aussen. ■

Abbauprozesse beschleunigen

Mit den richtigen Behandlungen unterstützen und beschleunigen Sie den Abbauprozess.

Als erstes sollten Sie sich der Kosmetikerin anvertrauen. Sie kann anhand Ihres Hautbildes erkennen, welche Massnahmen sinnvoll und nützlich sind.

■ Pflegen Sie Ihre Haut täglich mit einer basischen Cellulite-Creme und den Rest des Körpers mit einem guten Hautfunktions-Öl. ■

Die wirksamste Behandlung am Anfang ist die manuelle oder mechanische Lymphdrainage (z.B. Slide-Styler, Kramer).

Mit manueller Lymphdrainage in Kombination mit Tiefen-Oszillation (z.B. Hivamat 200) erreichen sie ebenfalls sehr gute Resultate. Dieses Verfahren kann auch bei sehr druck- und schmerzempfindlichem Gewebe eingesetzt werden.

Die Lymphe ist zuständig für den Abtransport unserer Stoffwechselabfälle. Neben Lymphdrainagen sollten Sie viel trinken. Je mehr Wasser Sie trinken, umso mehr "Müll" kann die Lymphe abtransportieren.

Den besten Erfolg erzielten Kundinnen, die die ersten 3 Wochen zweimal wöchentlich, die nächsten 4 Wochen einmal wöchentlich, die nächsten 4 Wochen alle 14 Tage und danach einmal monatlich zur Lymphdrainage kamen.

Mit manueller Lymphdrainage in Kombination mit Tiefen-Oszillation halbiert sich die Anzahl der benötigen Behandlungen.

Abbauende Wirkung und gleichzeitig ein wunderschönes Hautbild erzielen Sie mit Algenbehandlungen, Aromawickeln oder Körpermasken, je nach Problem.

Hautnährung und Hautstraffung

Mit ergänzenden Massnahmen zur Hautnährung und Hautstraffung sollten Sie erst beginnen, wenn Ihr Säure-Basen-Haushalt ausgeglichen ist.

Viele Institute haben ganze Körper- und Gesichtspflegelinien, die ein perfekt abgestimmtes Heimpflegeprogramm anbieten. Wichtig ist die Basis und sind die Inhaltsstoffe. Fragen Sie nach Produkten, die folgende Ansprüche erfüllen:

Pflanzenölbasis	keine Erdölbasis
Frischpflanzenextrakte	keine chemischen Reizstoffe
Pflanzliche Mineralstoffe und Vitamine	keine tierischen Inhaltsstoffe
Natürliche ätherische Öle	keine synthetischen Öle
Neutral bis basisch	keine Säuren (ausser für Schälungen)

Gute Kosmetika sind Produkte[21] auf Meersalz- und Algenbasis (z.B. Thalasso, Algira, Spiruskin etc.) auf basischer pflanzlicher Basis (z.B. pH-Cosmetics, Vicopura) auf Enzymbasis (z.B. Dr. Danné Montague King DMK) Beginnen Sie mit einer Körperbehandlung pro Woche, vier Wochen lang. Im Gegensatz zur Lymphdrainage, die Sie mit der Zeit immer seltener brauchen, sollten die Nähr- und Straffungsbehandlungen in immer

[21] Bezugsquellennachweis S.104

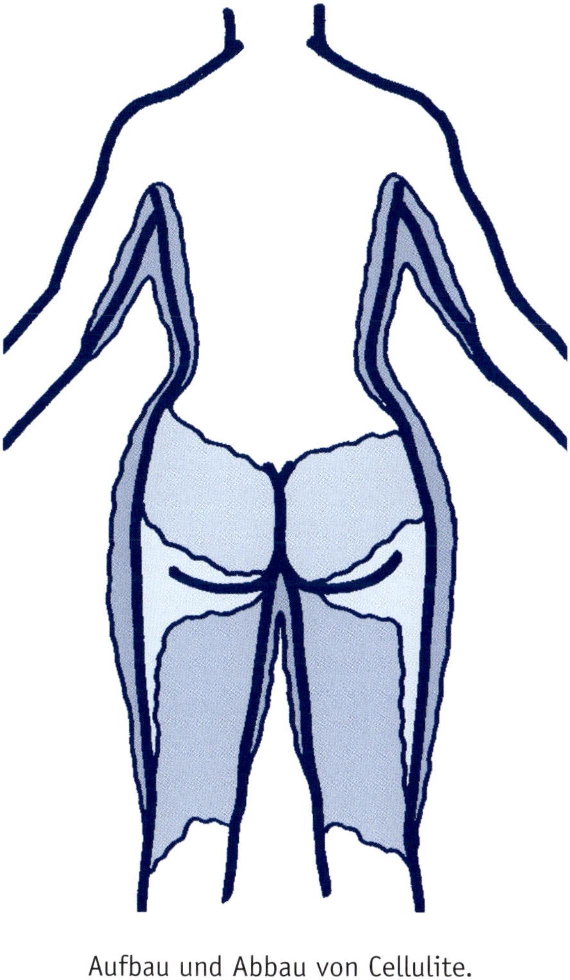

Aufbau und Abbau von Cellulite.

kürzeren Abständen (alle 3-4 Tage) gemacht werden, solange Sie Gewicht und Cellulite abbauen. Damit verhindern Sie das Erschlaffen des Bindegewebes.

Bei sehr schlanken Frauen mit ausgeprägten Reiterhosen erzielt die Vorbehandlung mit Vakuumbehandlungen (z.B. SPM) oder Bindegewebsmassagen in Kombination mit Tiefenoszillation wahre Wunder.

Die Reiterhosen beinhalten ja die ältesten und verhärtetsten Cellulite-Schlacken. Ohne gezielte Lockerung und Durchblutungsförderung werden sie auch erst ganz zuletzt abgebaut. Auch wenn Sie durch die Ernährungsumstellung relativ schnell an Umfang der Oberschenkel verlieren...
...der Körper baut die zuletzt eingelagerten Schlacken zuerst ab.

■ Den Beginn der Körperbehandlungen empfehle ich dann, wenn Sie nur noch einmal pro Woche zur Lymphdrainage gehen. ■

Stellen Sie sich das folgendermassen vor: Sie haben 10 Schichten Schlacken. Vom Knie bis zur Mitte Oberschenkel sind es 3 Schichten. Innenschenkel und Po enthalten 5 Schichten. Bauch und Oberarme werden zuletzt befallen, sie haben erst eine Schicht. Aber die breiteste Stelle der Oberschenkel, die als erstes Depot herhalten müssen, besteht bereits aus 10 Schichten.

Nun baut der Körper Schicht für Schicht ab. Wenn die ersten 5 Schichten weg sind, lagern im Oberschenkel immer noch 5 Schichten.

Bearbeitet man nun diese Stellen intensiver als den Rest des Körpers sowohl im Institut als auch täglich zu Hause, können sich die Schlacken leichter und schneller aus dem Bindegewebe lösen. Sie haben einen gleichmässigeren Abbau an allen befallenen Stellen.

Massnahmenübersicht

1. - 3. Woche während Neutralisationsphase

im Institut	zu Hause
2x wöchentlich: mech. Lymphdrainage oder **1x wöchentlich:** manuelle Lymphdrainage **optimal mit Tiefenoszillation**	**täglich:** • Basenpolster nach Duschen • Cellulitecreme auf befallene Stellen auftragen • Körperöl auf den Körper • Basisches Fussbad

4. - 7. Woche während Entschlackungsphase

im Institut	zu Hause
1 x wöchentlich: Lymphdrainage **1x wöchentlich:** Algenpackung, Enzymmaske, Basen- oder Aromawickel	**täglich:** wie oben **an Tagen für Behandlung:** **Körperpeeling machen, keine Creme auf zu behandelnde Stellen!**

8. Woche 2 x Körperbehandlung
9. Woche 1 x Lymphdrainage, 1 x Körperbehandlung
10. Woche 2 x Körperbehandlung

So geht es weiter, wenn Sie noch Gewicht abbauen:

11. Woche 1 x Lymphdrainage, 1 x Körperbehandlung
12. Woche 2 x Körperbehandlung
13. Woche 2 x Körperbehandlung
14. Woche 2 x Körperbehandlung
15. Woche 1 x Lymphdrainage, 1 x Körperbehandlung
16. Woche 2 x Körperbehandlung

Eine sehr wirksame Kombination während der Entschlackungsphase ist Sauna mit Basenpolster und anschliessender Bindegewebsmassage mit einem basischen Hautfunktionsöl.

Wenn Sie Ihrem Wunschgewicht bis auf 5 Kilo nähergekommen sind, genügt wöchentlich eine Körperbehandlung und monatlich eine Lymphdrainage.

Viele Kundinnen nutzen günstige Kombinationsangebote und lassen sich ab und zu mit einer Gesichtsbehandlung oder einer Manicure verwöhnen.

Erhaltungsmassnahmen

Das Wichtigste müssen Sie selbst tun, nämlich die tägliche Pflege zu Hause. Einmal mit Ihrer Figur und Ihrem Aussehen zufrieden, empfehle ich übers Jahr einmal monatlich eine Körperbehandlung und eine Lymphdrainage. Je nach Alter und Bindegewebe können Sie 1 bis 4 Mal pro Jahr eine Kur von 5 bis 10 Körperbehandlungen machen, jeweils zwei Behandlungen pro Woche.

Ihre Kosmetikerin oder Ihre Therapeutin wird Sie gerne beraten.

VII HÄUFIG GESTELLTE FRAGEN

"Ich bin sehr schlank und habe nur Cellulite und Reiterhosen. Was soll ich tun, damit ich kein Gewicht verliere?"

Sie werden in den ersten Tagen 1-2 Kilo an Gewicht verlieren, weil Ihr Körper im Basenüberschuss Gift- und Säureschlacken ausscheidet. Reiterhosen heisst immer auch versulztes, schlecht durchblutetes, nähr- und sauerstoffarmes Bindegewebe. Da ist es notwendig, auch von aussen die Lösung und den Abtransport der Cellulite zu unterstützen. Zu Hause täglich mit einem Luffahandschuh massieren und Mikromassagehosen tragen (z.B. Magic Panty [22]); im Institut mit gezielten Behandlungen der Reiterhosen (S. 80). Essen Sie nicht zu viel Eiweiss, eher basische Kohlenhydrate (Kartoffeln, Bananen, Mais) kombiniert mit Butter, Öl, Sahne (Gratin, Omelette, Aufläufe, Sahnesaucen etc.). Einmal im Säure-Basen-Gleichgewicht, regelt sich Ihr Körpergewicht von alleine.

"Ich habe Familie mit Kindern, und der Zeitplan erlaubt ein gemeinsames Essen in Ruhe nur am Abend. Wie kann ich dieses Problem lösen?"

Damit das Abendessen nicht zu üppig ausfällt, habe ich dieses Problem folgendermassen gelöst: Am Morgen richte ich ein Frühstücksbuffet an. Zeitaufwand: 10 Minuten. Melonenschnitze, Bananen in Scheibchen, eine Beerensorte, ein Kännchen Sahne, Käse, Rohschinken, Mandeln. Butter und Brot für Familienmitglieder, die nicht mitmachen. Dazu Karottensaft, Kaffee, Tee und ein Krug Wasser. "Auf Bestellung" ein gekochtes Ei oder Rührei. So kann jeder essen, wann und was er möchte. Für das 2. Frühstück Bananen, Kiwis, gekochte Eier etc. zum Mitnehmen bereitstellen. Wenn die Familie zu unterschiedlichen Zeiten nach Hause kommt, soll jeder erst mal eine Kleinigkeit essen. (Früchte, Käse etc.) Ich bereitete jeweils am Abend vorher einen haltbaren Salat zu (Kartoffel- Käse- Huhn- Karotten- oder Gurkensalat). Setzen Sie das Abendessen so früh wie möglich an, mit der

[22] Bezugsquellennachweis S.104

Zwischenmahlzeit vorher ist der Hunger nicht mehr gross. Dafür bleibt jetzt auch Zeit, z.B. bei einem gemütlichen Raclette das Miteinander zu geniessen.

"Ich habe am Morgen keinen Hunger. Muss ich trotzdem Frühstück essen?"

Unser Körper arbeitet nach seiner inneren Uhr. Die Verdauungsorgane arbeiten nach dem Aufstehen einige Stunden lang zu 100%, am Nachmittag noch etwa zu 50% und am Abend praktisch nicht mehr. Das macht auch Sinn – Energie brauchen wir hauptsächlich, wenn wir wach sind und arbeiten. Mit **BodyReset** essen Sie anfänglich am Abend Kartoffeln und Gemüse oder die Basensuppe. Damit müssten Sie eigentlich am Morgen wieder hungrig sein. Wenn nicht, essen Sie bitte spätestens 3 Stunden nach dem Aufstehen eine süsse Frucht und etwas Eiweiss (Käse, Schinken, gekochtes Ei etc.). Damit "starten" Sie die Verdauung und die Magensaftproduktion.

"Ich trinke gerne Wein zum Essen und abends ein Schnäpschen, muss ich darauf verzichten?"

Das Schnäpschen sollten Sie während der Kur sein lassen, es enthält fast 50% Alkohol und behindert den Fettstoffwechsel. Geniessen Sie lieber ein gutes Glas Rotwein. Wein und Bier zählen zum sauren Anteil einer Mahlzeit. Wenn Sie sonst alle Massnahmen einhalten und genügend Wasser vor den Mahlzeiten trinken, ist nichts dagegen einzuwenden.

"Ich bin Vegetarierin und esse keine tierischen Produkte. Kann ich trotzdem mit BodyReset meine Cellulite abbauen?"

Natürlich. Wenn Sie Sahne, Butter, Käse und Eier essen, ersetzen Sie Fleisch, Fisch und Geflügel durch Soja- oder Quornprodukte. Lassen Sie sich im Reformhaus oder Bioladen beraten. Wenn Sie gar keine tierischen Produkte essen, ersetzen Sie meine Empfehlungen durch die hochwertigen pflanzlichen Alternativen z.B. von Sojana:

Peace-Cream 35% Fett	statt Sahne
Mandonaise	statt Mayonnaise
Soja Gehacktes + Klösse	statt Fisch
Peace-Hackbraten	statt Fleisch
Mc. Sojana Tofuburger	statt Geflügel
Tofu des Dieux	statt Käse + Eier
Delikatess Tofu	statt Rauchfleisch

Um Ihren Eiweissbedarf abzudecken, ersetzen Sie doch öfters mal Reis und Teigwaren durch Hülsenfrüchte. Erbsen, Bohnen und Linsen enthalten eine optimale Kombination von Eiweiss, Kohlenhydraten und Ballaststoffen. Aber bitte immer geschält. In China- und Thailäden finden Sie geschälte rote, weisse oder gelbe Mungolinsen und Mungobohnen.

"Ich leide seit vielen Jahren unter Übergewicht und Krampfadern. Bisher hat nichts wirklich geholfen. Ich kann einfach nicht glauben, dass Ihre Methode funktionieren soll. Können Sie mir das beweisen?"

Ich nicht, aber Sie selbst können sich beweisen, das es funktioniert. Sie haben nichts zu verlieren, aber alles zu gewinnen. Befolgen Sie einfach meine Ratschläge, essen und leben Sie mit meinen Empfehlungen. So einfach, wie es klingt, ist es auch. Sie müssen sich einfach bewusst sein: Was sich in Jahrzehnten aufgebaut hat, wird sich nicht in einigen Tagen in Luft auflösen. Aber schon die ersten 6 bis 8 Wochen werden eine massive Verbesserung Ihrer Probleme bewirken. Wie versprochen. Um aber das Cholesterin in Ihren Blutgefässen durch Mineralstoffe zu ersetzen, braucht der Körper einige Monate, vielleicht auch 1 bis 2 Jahre. Den schnellsten Erfolg erzielen Sie, wenn Sie in dieser Zeit selten konzentrierte Kohlenhydrate essen und täglich konsequent die höchste Dosierung an Mineralstoffen einnehmen. Auch das tägliche Basenpolster und basische Körperpflegeprodukte verhelfen zu einem optimalen Ergebnis.

"Durch meine Frau habe ich erfahren, dass auch Haarverlust rückgängig gemacht werden kann. Ich bin jetzt 42 Jahre alt und verliere seit meinem 25. Lebensjahr kontinuierlich Haare. Ist es nicht zu spät für neuen Haarwuchs?"

Wenn die Ursache eine langjährige Übersäuerung und ein permanenter Mineralstoffmangel ist, ist es nicht zu spät. Mein persönliches Programm hat bisher immer funktioniert. Sie müssen sich aber etwas gedulden, bis der erste Flaum sichtbar wird und konsequent alle Massnahmen gleichzeitig einhalten, und zwar über einen Zeitraum von mindestens sieben Monaten. Unterstützend zur Remineralisierung (höchste Dosierung) hat sich in der Praxis auch die zusätzliche Einnahme eines Haarvitaminpräparates bewährt.

"Ich muss häufig im Restaurant oder in der Kantine essen: Kann ich trotzdem die BodyReset Kur machen?"

Lässt sich ein Restaurantbesuch (z.B. Kundenessen) nicht vermeiden, bestellen Sie sich gleich bei Ankunft eine Flasche stilles Mineralwasser und trinken 2 Gläser mit 1-2 Mineralstofftabletten. Vielfach enthalten Restaurantmahlzeiten nicht genügend Vitamine und Mineralstoffe. Wenn Sie Wein mittrinken wollen, bitte nur ein Glas zum Essen. Die meisten Restaurants bieten 3-4 Mittagsmenus an. Wenn Sie keines mit Kartoffelbeilage finden, bitten Sie den Kellner, die Kohlenhydratspeise (Reis oder Teigwaren oder Mais) durch ein Gemüse zu ersetzen. Essen Sie keine Saucengerichte, sie enthalten meist einen hohen Anteil gehärteter Fette, Weissmehl und unerwünschter Zusatzstoffe.

Kombinationsvorschläge – Je nach Tagesplan

Mittag	**Abend**
Grüner Blattsalatteller oder Feldsalat mit Ei	kein Salat mehr
oder 1 kleiner grüner Salat 1 Kartoffelspeise 1 Gemüsesorte	Kartoffelspeise 1 Gemüsesorte
oder 1 kleiner grüner Salat 1 Kartoffelspeise 1 Eiweiss-Speise 1 Gemüsesorte	**oder** 1 Kartoffelspeise 1 Eiweiss-Speise 1 Gemüsesorte
oder anstelle des kleinen Salats eine 2. Gemüsesorte	**oder** Kartoffeln und Käse (Raclette, Käserösti, Pellkartoffeln mit Käse)

"Was bewirkt der Magnetitstein im Wasser ?"

Der Magnetitstein gibt gewöhnlichem Wasser die ursprüngliche energetische und magnetische Qualität von frischem Quellwasser zurück. Prüfen Sie beim Kauf, ob der Stein magnetisch ist (z.B. mit einem Hausschlüssel oder Nagel aus Eisen). Besorgen Sie sich ein 2 Litergefäss aus Plastik oder Glas mit Deckel. Füllen es am Abend mit Wasser und legen Sie den Magnetitstein hinein. Dort bleibt er für die nächsten 8 bis 12 Monate. Einfach dieses Wasser trinken. Sie können das Wasser auch zum Kochen, für Ihre Haustiere und zum Giessen Ihrer Pflanzen benutzen. Wenn das Gefäss leer ist, füllen Sie es einfach am Abend wieder auf.

Das Gefäss bleibt sauber und kalkfrei! Irgendwann ist die Energie des Steins verbraucht - das erkennen Sie daran, dass der ursprünglich schwarze Stein hellbraune Flecken bekommt und Kalkränder am Gefäss entstehen.

"Ich rauche - was muss ich speziell beachten?"

RaucherInnen haben einen erhöhten Vitaminbedarf, den Sie unbedingt mit einem pflanzlichen Multivitaminpräparat decken sollten. Rauchen ist eine Sucht, von der jeder selber loskommen muss. Wenn Sie das wirklich wollen, gehen Sie zu Ihrem Hausarzt und lassen Sie sich über ein Medikament (z.B. ZYBAN) beraten. Ich kenne einige Kunden und Kundinnen, die es so geschafft haben, von Ihrer Sucht loszukommen und bis heute nicht mehr rauchen.

"Wie kann ich mehr erfahren über meinen Mineralstoffstatus und über Schwermetalle in meinem Körper?"

Es gibt verschiedene Untersuchungsmöglichkeiten z.B. die Vollblutanalyse oder die Haarmineralanalyse (HMA). Die Vollblutanalyse gibt einen punktuellen Zustand wieder, und nicht alle Elemente sind genau zu bestimmen. So können die Werte im Blut (z.B. bei Kalzium) von denen im restlichen Organismus abweichen. Bei der Haarmineralanalyse wird der Mineralstoffstatus der letzten 3-4 Monate erfasst. Bestimmt werden die wichtigsten Mineralstoffe wie Zink, Selen, Chrom, Kalium, Magnesium, Kalzium usw. sowie Mineralstoffverhältnisse wie z.B. das von Calcium zu Magnesium, Natrium zu Kalium und Zink zu Kupfer. Ausserdem gibt die HMA Auskünfte über Schwermetallbelastungen. Dadurch kann die HMA bereits im Vorstadium wichtige Hinweise auf mögliche Störungen liefern wie z.B. Übersäuerung, Mineralstoffmängel, Immunstörungen usw.

VIII SCHLUSSWORT

Mein Buch wäre eigentlich überflüssig, wenn all die gross angekündigten "Wunderdiäten" das halten würden, was sie versprechen. Ich selbst und Hunderte meiner Kundinnen und Kunden leben seit Jahren nach meiner Methode. Wir achten auf die Säure-Basen-Balance, auf natürliche und hochwertige Lebensmittel. Wenn Sie Ihre Kur beendet haben, kennen Sie die Grundlagen von **BodyReset**. Basenpolster nach dem Duschen und basische Körperpflege entlasten Tag für Tag Ihren Organismus, es gibt nichts einfacheres und besseres. Bio-Produkte garantieren gesunde Zellen und einwandfreie Stoffwechselfunktionen. Ein bis zwei mal pro Jahr "die ersten 14 Tage" wiederholen, hält Ihren Körper fit und schlackenfrei. Bei hohen Belastungen in Beruf und Familie empfehle ich ein pflanzliches Mineralstoffpräparat zur täglichen Nahrungsergänzung. Leben Sie mehrheitlich nach den **BodyReset** Regeln, dann werden Ihre verschwundenen Probleme auch nicht wieder auftauchen. Sie kennen die Ursachen und vermeiden sie, ohne auf alles verzichten zu müssen. Ab und zu ein Stück Schokolade, ein feuchtfröhlicher Spaghettiabend, ein Festessen oder eine Champagnernacht bringt Sie nicht gleich wieder ins Ungleichgewicht. Geniessen Sie Ihr Leben, es hat mehr zu bieten als Essen und Trinken! Suchen Sie sich eine Sportart, die Ihnen Spass macht, am besten mit Gleichgesinnten. Da werden Sie von einer Dynamik angesteckt, die im Alleingang sehr viel mehr Disziplin und Eigenmotivation erfordert. Und fragen Sie sich: Was mag ich am Liebsten? Wenn Sie die Antwort gefunden haben, kennen Sie Ihr neues Hobby! Meines ist übrigens Kochen und immer wieder neue Rezepte erfinden. Vielleicht entsteht daraus ja mal ein Kochbuch...

Ich wünsche Ihnen alles Gute und Schöne im Leben und verabschiede mich mit dem Lebensmotto, das mir meine Mutter schon als kleines Kind mit auf den Weg gegeben hat:

Mach es wie die Sonnenuhr, zähl die heiteren Stunden nur.

Übersichtstabelle

Nachfolgend finden Sie eine Übersichtstabelle der gängigsten Produkte mit der Angabe, ob sie basisch oder säurebildend im Stoffwechsel reagieren. Konzentrierte, sauer verstoffwechselte Kohlenhydrate sollten Sie weitestgehend meiden, bis Sie mit Ihrem Aussehen zufrieden sind.

Sie bauen weder Cellulite noch Übergewicht ab, wenn Sie zu den Mahlzeiten Brot, Teigwaren oder Reis essen und Limonaden trinken.

Die Übersichtstabelle ist so gestaltet, dass Sie alle Produkte in den beiden linken Spalten auch einzeln essen bzw. trinken können. Für die Produkte in den beiden rechten Spalten benötigen Sie immer gleichzeitig einen Basenspender.

Basisch Basenspender		**Sauer** immer mit Basenspender kombinieren	
Gemüse		**Gemüse**	**Früchte**
Avocado	Mais	Artischocken	Ananas frisch
Blumenkohl	Pfifferlinge	Bohnen grün	Aprikosen
Broccoli	Radieschen	Chicorée	Äpfel sauer
Champignons	Rosenkohl	Lauch	Brombeeren
Erbsen gelb	Rotkohl	Mangold	Erdbeeren
Erbsen grün	Schwarzwurzel	Peperoni	Früchte unreif
Fenchel	Knollensellerie	Portulak	Himbeeren
Grünkohl	Steinpilz	Rote-Beete	Mango
Karotten	Topinambur	Rettich	Mirabellen
Kartoffeln	Weisskohl	Sauerkraut	Pflaumen
Knoblauch	Wirsing	Spargel	Rhabarber
Kohlrabi	Zucchini	Spinat	Stachelbeeren
Kürbis	Zuckererbsen	Tomaten	

Basisch Basenspender		**Sauer** immer mit Basenspender kombinieren	
Früchte	**Diverses**	**Steinobst**	**Diverses**
Äpfel süss	Basilikum	Kirschen	Alle Getreide-
Bananen	Butter	Pfirsich	produkte
Birnen süss	Dill	Zwetschgen	Light-
Datteln	Eigelb	u.s.w.	produkte
Dörrfrüchte	Estragon		Eiweiss
ungeschwefelt	Mandeln	**Zirtusfrüchte**	Essig
ausser	Mandelmilch	Grapefruits	Honig
Aprikosen u.	Maronen	Orangen	Hülsenfrüchte
Pflaumen	Mayonnaise	Zitronen	Joghurt
Feigen	selbstgemacht	u.s.w.	Käse
Melonen	Olivenöl		Kefir
Papaya	Paranüsse	**Fleisch**	Meeresfrüchte
Passionsfrucht	Pflanzenöl	Geflügel	Nüsse
	Ricotta (gut	Fleisch	(ausser Mandeln)
Salate	abgetropfter	Fisch	Petersilie
Brunnenkresse	Quark)		Reis
Endivien	Schnittlauch	**Getränke**	Teigwaren
Feldsalat		Alcopops	Sojaprodukte
Gurken		Bier	Süsswaren
Kopfsalat		Champagner	Zucker raffiniert
Lollo		Colagetränke	
Rucola		Früchtetee	
		Fruchtsäfte	
Getränke		Kaffee	
Frischmolke		Kakao	
Kräutertees		Limonade	
Molkepulver		Rotwein	
Sahne		Schwarztee	
Stilles Wasser		Weisswein	

Rezepte

Grundsauce für Salate

Pro 3 EL Sonnenblumen- oder Olivenöl ein TL Apfelessig. Würzen mit Salz, Meersalz oder Gewürzsalz und Pfeffer. Nach Belieben Senf und Trocken-Kräutermischungen dazugeben. Bereiten Sie genügend Grundsauce. In einer verschlossenen Flasche können Sie die Sauce mehrere Tage im Kühlschrank aufbewahren.

Variante: Französisches Dressing

Geben Sie zur Grundsauce etwas Sahne und evtl. etwas Wasser.

Kräutertipp

Beim Anrichten geben Sie je nach Salatsorte frische Kräuter, Zwiebeln, Knoblauch etc. dazu.

zu Gurken:	frischer oder getrockneter Dill
zu Tomaten:	frisch geschnittenes Basilikum
zu Kartoffelsalat:	Essiggurke, Zwiebel und Ei kleingehackt, Knoblauch, Schnittlauch
zu grünen Blattsalaten:	kleingeschnittene Zwiebel, Knoblauch, Radieschenscheiben

Grundsauce für Fleisch und Fisch

Fleisch anbraten, Fond mit Wasser oder Wein ablöschen und einkochen lassen. Gemüsebouillon dazugiessen und mit Pfeffer und frischen oder getrockneten Gewürzen und Kräutern abschmecken. Zum Andicken 1 TL Kartoffelmehl in etwas Wasser aufgelöst dazugeben. Nach Belieben mit Sahne verfeinern.

Knoblauchdip

Je nach Geschmack 2-4 Knoblauchzehen mit der Knoblauchpresse durchdrücken und mit 100g Mayonnaise und 2 EL Sahne gut verrühren.

Tatarsauce
1 Essiggurke, 1 Bund Schnittlauch, 1 kleine Zwiebel. Alles fein hacken und mit 100g Mayonnaise und 2 EL Sahne gut vermischen.

Salate zum Mitnehmen

Diese Salate können Sie gut vorbereiten und als Mittagessen mitnehmen.

- Avocado mit Crevettensalat
- Russischer Salat
- Tomaten-Mozzarella-Rucolasalat
- Eisberg – und Kartoffelsalat
- Kopf- und Thunfischsalat
- Lollo- und Hühnchensalat
- Endivien- und Chiccoréesalat, 1-2 Eier

Kartoffelgerichte

Kartoffeln kann man gut vorkochen und für verschiedene Gerichte verwenden. Schütten Sie den Sud nach dem Kochen nicht weg, sondern verwenden Sie ihn für Suppen und Saucen. Nachfolgend einige beliebte Vorschläge:

Kartoffel – Käse Gerichte

Pellkartoffeln mit Käse

Pellkartoffeln mit Butter und verschiedene Käsesorten. Dazu einige ungesalzene, geschälte Mandeln, Essiggurke oder Silberzwiebeln.

Kartoffeln mit Raclettekäse

Pro Person eine gekochte mittelgrosse Kartoffel schälen, in Scheibchen schneiden und in eine flache, feuerfeste Form schichten. Etwas Salz darüber streuen und 2 Scheiben Raclettekäse darüber legen. In den auf 200 Grad vorgeheizten Ofen schieben und in ca. 8-12 Min. den Käse schmelzen lassen. Herausnehmen, nach Belieben mit Pfeffer und Paprika würzen und eine Essiggurke dazu geben.

Käsefondue mit Kartoffeln

Kleine festkochende Kartoffeln schälen, in etwas Gemüsebouillon knapp gar kochen, halbieren. In der Bratpfanne an der Schnittstelle leicht anbraten und im Ofen bei 100 Grad warm halten. Jetzt aus geriebenem Käse und etwas Weisswein ein Fondue zubereiten und mit den Kartoffeln statt Brot essen. Anstelle eines Salates können Sie auch Birnen- und Apfelstückchen und Bananenscheiben mit dem Fonduekäse essen.

Käserösti

Gekochte Kartoffeln reiben und salzen. Eine kleine gehackte Zwiebel anbraten, Kartoffeln und einige Esslöffel Reibkäse damit vermischen und mit Butter zu einer goldgelben Rösti braten. Weitere Rezepte finden Sie auch im Kochbuch von Milly Schaub[23].

Kartoffelgerichte zu allen Gemüsen

Kartoffelgratin

Gekochte Kartoffeln schälen, in Scheiben schneiden. Eine feuerfeste Form nach Belieben mit einer halbierten Knoblauchzehe ausreiben. Jetzt die Scheiben in die Form schichten. Auf jede Schicht einige Tropfen Sahne und hauchdünne Butterflöckchen geben. Salz und Pfeffer nach Belieben. Überbacken kann man den Gratin entweder mit einer Mischung aus Sahne und zimmerwarmer Butter oder aus Sahne und Reibkäse.

Butter - Petersilienkartoffeln

Kartoffeln schälen, in Würfel schneiden, in fettfreier Gemüsebouillon gar kochen. Bouillon absieben. Etwas Butter in den Topf geben, feingehackte Petersilie und die Kartoffeln in der Butter vorsichtig miteinander mischen.

[23] Literaturverzeichnis S.98

Kartoffelbrei

Kartoffeln schälen, in Würfel schneiden und in Gemüsebouillon gar kochen. Bouillon abgiessen. Pro 500g Kartoffeln ca. 2dl Vollmilch heiss machen, Herd abstellen und die Kartoffeln in die Milch passieren bzw. fein pürieren. Verrühren und je nach Konsistenz noch etwas Milch dazugeben. Besonders cremig wird der Brei mit zusätzlich 1/2 dl Sahne. Erst zum Schluss Herd wieder auf halbe Temperatur stellen, Butter zugeben und umrühren. Den Topf vom Herd nehmen und nach Belieben mit etwas Muskatnuss und einem Eigelb verfeinern.

Kartoffelaufläufe

Mit Kartoffeln und Gemüse kann man leckere Aufläufe und fleischlose Gerichte zaubern. Statt Zucchini oder Tomaten können Sie auch Broccoli, Karotten, Blumenkohl etc. verwenden.

Zucchini-Kartoffel-Auflauf

Gekochte Kartoffeln schälen, in Scheiben schneiden. Geschälte Zucchini kurz blanchieren. Eine feuerfeste Form nach Belieben mit einer halbierten Knoblauchzehe ausreiben. Kartoffel - und Zucchinischeiben abwechselnd in die Form schichten. Die Kartoffelschichten leicht salzen, Zucchinischichten mit Gewürzsalz, Pfeffer und italienischer Kräutermischung würzen. Auf jede Schicht einige Butterflöckchen geben. In einer Schale Sahne mit Reibkäse mischen. Diese Mischung mit einem Esslöffel über die letzte Schicht geben, so kann sich der Käse regelmässig verteilen. Im vorgeheizten Ofen bei 200 Grad ca. 10 - 15 Min überbacken, bis der Käse schön hellbraun ist.

Tomaten – Kartoffelauflauf

Wasser zum Kochen bringen, die Tomaten für einige Sekunden ins kochende Wasser tauchen, danach lassen sich die Tomaten mühelos schälen. Halbieren, Stielansätze entfernen und die Tomaten in Scheiben schneiden. Danach wird der Auflauf wie oben beschrieben zubereitet. Nach dem Überbacken können Sie frisch geschnittenes Basilikum darübergeben.

Es gibt unzählige leckere Gerichte mit Kartoffeln. Viele feine Rezepte finden Sie im Kochbuch von Imre Kusztrich "Die neue Kartoffeldiät"[24].

Gemüse-Zubereitungsarten

Bereiten Sie Gemüse so zu, wie Sie es am Liebsten mögen. In Bouillon gar kochen, im Dampfkochtopf weich dämpfen oder im Kochtopf mit etwas Öl und wenig Flüssigkeit auf niedriger Temperatur gar dünsten. Mit Pfeffer, Gewürzen und Kräutern abschmecken. Mit etwas Butter und/oder Sahne verfeinern oder mit Käse überbacken.
Bei Kohl oder oxalhaltigen Gemüsen geben Sie jeweils eine Messerspitze Natron ins Kochwasser. Dasselbe können Sie bei Käsefondue, Fleischragoutgerichten oder Fleischeintöpfen tun. Damit erleichtern Sie die Verdauung und haben keine Blähungen.

Zwei Turbo Fett- und Cellulite- Killer

Basensuppe

300g Kartoffeln, 300g Karotten, 150g Wirsing **oder** Kohl, nach Belieben 1 kleine Sellerieknolle, 1 kleine Zwiebel. Alles schälen, klein schneiden, mit 2 Liter Wasser aufkochen. Gemüsebouillon einstreuen, bis der Geschmack stimmt. Knapp gar kochen, zum Schluss mit etwas Pfeffer und Schnittlauch würzen. Sie können die Basensuppe mehrere Tage im Kühlschrank aufbewahren. Wärmen Sie jeweils nur soviel auf, wie Sie essen möchten. So bleibt das Gemüse knackig und frisch.

Bouillon und Gemüseteller

300g Broccoli **oder** Zucchini **oder** Karotten **oder** Fenchel schälen, in 7.5 dl Gemüsebouillon knapp gar kochen, 300g gekochte, gewürfelte Kartoffeln dazu geben und einige Minuten mitkochen. Die Bouillon in ein Gefäss absieben. Das Gemüse in einen Teller geben und mit einem TL Butter bestreichen. Zuerst die Bouillon trinken, dann das Gemüse essen.

[24] Literaturverzeichnis S. 98

Fleisch und Fisch

Fleisch und Fisch können Sie so zubereiten, wie es Ihnen am Besten schmeckt. Wichtig ist nur, dass Sie natürliche Gewürze und Zutaten sowie die richtige Grundsauce verwenden.

Sonntagsbrunch mit Brot

Gekochtes Ei oder Rührei mit Schinken
2 Scheiben Butterzopf oder Kartoffelbrot
Verschiedene Käse
Einige Mandeln
Rohschinken oder Hühnerfleischscheiben
1 kleine Banane

Reis und Nudelgerichte

Kochen Sie Reis und Teigwaren mit Salzwasser oder in fettfreier Gemüsebouillon. Kurz vor dem Servieren geben Sie einen halben Kaffeelöffel Butter darüber.

Salate sollten Sie erst dann dazu essen, wenn Sie Ihr Wunschgewicht erreicht haben. Salatsauce und konzentrierte Kohlenhydrate zusammen produzieren Übergewicht.

Neues Wissen schafft Sicherheit

Mit Ihrem neuen Wissen kann ich Ihnen einige Bücher zu den verschiedenen Themen empfehlen. Lassen Sie sich nicht verunsichern, wenn einige Ernährungsempfehlungen im Gegensatz zu meinen Erkenntnissen stehen.

Einzig die Schaub-Kost kann ich aus eigener Erfahrung vorbehaltlos empfehlen.

Ein Dankeschön

An dieser Stelle möchte ich Milly Schaub von ganzem Herzen danken für ihr bereits 1982 erschienenes Buch "Fundamente des Gesundbleibens". Durch die Einhaltung ihrer Empfehlungen mit ihrer säure- und kohlenhydratarmen Kostform verlor ich meine seit Jahren bestehende Pollenallergie. Und nebenbei erste Anzeichen von Cellulite. Ich habe viele Ernährungsrichtlinien ausprobiert – die Schaub-Kost ist die Einzige, die wirklich hält, was sie verspricht. Milly Schaub vermutete damals schon einen Zusammenhang zwischen Übersäuerung und Cellulite. Sie sollte recht behalten. Musste sie früher noch gegen viele Anfeindungen und Vorurteile kämpfen, haben sich ihre Behauptungen mittlerweile längst bestätigt.
Die säure- und kohlenhydratarme Schaub-Kost eignet sich insbesondere auch für eine langfristige Gewichtsabnahme und für länger dauernden gewünschten Verbesserungen wie z.B. bei Haarverlust, schwerer Akne, Krampfadern, Gicht, Rheuma, Bluthochdruck etc. Milly Schaub hat mit Ihrer Kostform einen Meilenstein auf dem Weg zu einer wirklich gesunden Ernährung geschaffen.

Literaturnachweis

Kusztrich, Imre
Die neue superleichte Kartoffeldiät, Bechtermünz Verlag, 1997

May-Ropers Dr.med., Schweitzer Prof. Dr.
Nie wieder sauer, Herbig Verlag, 1997

Paungger Johanna, Poppe Thomas
Vom richtigen Zeitpunkt, Heyne Verlag, 1991

Pollmer Udo, Fock Andrea, Gonder Ulrike, Haug Karin
Prost Mahlzeit! Krank durch gesunde Ernährung, Kiwi Verlag bei Kiepenheuer & Witsch,1994

Schaub, Milly und Paul
Fundamente des Gesundbleibens, Verlag Pro Salute Zürich, 1982

Schaub, Milly
Das Schaub-Kochbuch, Verlag Pro Salute Zürich, 1997

Schaub, Milly
Die gute Figur, Verlag Pro Salute Zürich, 2001

Treutwein, Norbert
Übersäuerung – Krank ohne Grund?, Südwest Verlag München, 1996

Wiener, Marie-Theres
Gesund und schlank mit Trennkost, Buch und Zeit Verlag, 1993

Stichwortverzeichnis

Bezugsquellennachweis

Viele Kosmetikinstitute, Therapeuten sowie Beauty-, Wellness- und Fasten - Hotels bieten das **BodyReset** Programm an. **Dort erhalten Sie auch die empfohlenen Produkte.**

Adressen erfahren Sie unter: **www.bodyreset.com** oder beim Verlag: **Sivita GmbH Stählistr. 12 CH-8280 Kreuzlingen**
Tel. CH 071-222 94 71 Int. 0041-71-222 94 71
Fax CH 071-223 88 67 Int. 0041-71-223 88 67
E-mail: sivita@freesurf.ch

pH-Wert Indikatorstäbchen z.B. von Merck
Pantogar-Haarvitaminkur
Glaubersalz oder neutrales Bittersalz z.B. Siesta 1
erhalten Sie in Ihrer Drogerie, Apotheke oder im Reformhaus

Basische Körperpflege
Nahrungsergänzungen
Basische Kosmetik
Basische Haarpflege
Mikromassage-Hosen
Magnetitsteine
erhalten Sie in der Schweiz bei:
VitaConcept AG
Fliegaufstr. 13
CH-8280 Kreuzlingen
Tel. 071-244 01 75 Int. 0041-71-244 01 75
Fax 071-245 45 51 Int. 0041-71-245 45 51
E-mail: vitaconcept@freesurf.ch

in Deutschland und EU bei:
SanaPlus GmbH
Werner-Sombart-Str. 21
D - 78464 Konstanz
Tel. D 07745-92 71 59 Int. 0049-7745-92 71 59
Fax D 07745-92 71 62 Int. 0049-7745-92 71 62

Magnetitsteine
finden Sie auch in Mineralien- und Esoterikläden, evtl. auch in grossen Reformhäusern

Enzymkosmetik
erhalten Sie bei:
Dr. Danné Montague King
DMK Schweiz Brigitte Grossi
Fichtenwaldstrasse 32
CH-4142 Münchenstein
Tel. 061-413 14 31